굿바이
침팬지

비 즈 니 스 진 화 법 칙

— 김영한 지음

굿바이
침팬지

이콘

유가 200달러는 또다른 진화를 요구하고 있다

2002년에 배럴당 26달러였던 국제 원유 가격이 2008년에는 100달러를 넘어서 150달러를 향해 가고 있다. 머지않아 200달러까지 갈 것이라는 전망도 나오고 있다. 국제 유가 상승의 원인으로는 중국과 인도 등 신흥공업국들의 수요 증가, 이라크와 나이지리아 등 산유국의 군사적 불안, 달러화 약세, 미국 '큰손'들의 상품(선물) 투기 등 여러 가지가 지적되고 있지만, 사실은 그 모든 요인들이 공교롭게도 동시에 유가에 직접적으로 작용하고 있다고 보는 것이 옳을 것이다.

그 이유야 어떻든 국제 유가의 상승은 전 세계의 모든 산업에 영향을 줄 수밖에 없다. 이는 지구 대기의 온도 변화가 지구 생태계에 미치는 영향과 같다. 한동안 풍요로운 여름을 만끽하던 전 세계의 산업계는 갑자기 빙하기를 맞이하게 된 형국이다. 특히 기름을

100% 수입에 의존하고 있는 우리나라의 경우, 만약 유가 200달러 시대가 도래한다면 어떤 식으로든 산업지도의 급격한 재편이 불가 피해질 것이다. 노동시간을 연장하는 정도로, 혁신을 통해 생산성을 올리고 원가를 보다 절감하는 정도로는 감당할 수 없는 커다란 변화가 밀어닥칠 것이다.

빙하기가 지구의 생태계를 변화시키고 모든 생물의 진화를 촉진 시켰듯이, 목전에 닥친 '제3차 오일쇼크'는 지구의 비즈니스 생태계를 변화시키고 기업의 진화를 요구하게 될 것이다. 이 피할 수 없는 환경의 대변화에 어떻게 대응해야 할지 다윈에게 물어보고 싶은 심정이다.

영국의 찰스 다윈은 태고의 땅인 갈라파고스 제도를 탐험하면서 진화론을 구상하게 되었다. 당시 영국에는 다윈보다 훌륭한 생물학, 박물학의 권위자들이 있었지만, 그들은 원시 상태의 갈라파고스 섬을 가보지 않았기에 진화 이전의 생태계를 볼 수 없었다.

진화의 법칙은 자연의 세계보다 경제의 세계에서 좀더 급속하고 선명하게 나타난다. 다만 이미 진화의 끝 단계에 있는 국가의 경제 경영학자들은 진화 이전의 기업을 가까이에서 관찰할 기회가 없을 것이다. 그러나 불행인지 다행인지, 한국에는 진화의 끝 단계에 와 있는 기업과 아직 태고의 단계에 머무르고 있는 기업이 공존한다. 1인당 GNP가 5백 달러에서 2만 달러까지 성장하는 데 불과 50년 이 채 걸리지 않은 한국의 경제계에는 세계 초일류의 기업들이 있는가 하면 전근대적 형태에서 벗어나지 못한 기업들도 여전히 존재하고 있다.

삼성, LG, 현대자동차 등의 기업들은 세계시장에서 일류 제품으로 인정받을 만큼 우수한 제품들을 생산하고 있고 경영능력 면에서도 세계 일류 기업으로 인정을 받고 있다. 이들 기업은 말하자면 진화의 끝 단계에 도달해 있는 진화 경쟁의 승리자들이다. 그런가 하면 아직도 국내시장, 그것도 지방시장에만 머무르며 겨우 목숨을 부지하고 있는 갈라파고스 수준의 기업들도 있다.

나는 지난 30년 동안 대기업에서도 근무해보았고 스스로 회사를 만들어 직접 경영도 해보았다. 지금은 기업들을 위한 컨설팅과 강의를 하고 있다. 하루는 세계 초일류 기업집단의 관리자들을 대상으로 강의를 하고, 다음날은 지방 읍내에 있는 자영업자를 위해 컨설팅을 한다. 그렇게 한국의 양극단 생태계를 오가며 다윈과 같은 탐험을 하고 있다.

일류 기업집단의 임원들에게 강의를 하려면 GE와 애플의 전략이 무엇인지, 뉴욕 주가의 변동 요인이 무엇인지를 공부해야 한다. 하지만 지방에 있는 자영업자를 위해 컨설팅을 하려면 기본적인 경영용어부터 설명을 해줘야 겨우 의사소통이 가능해진다. 이렇듯 양극단의 생태계를 오가며 비즈니스 세계의 진화 프로세스를 가까이에서 관찰할 수 있다는 것 자체가 나에게는 큰 행운이다.

다윈은 5년이란 긴 세월 동안 목숨을 걸고 미지의 대륙과 섬들을 탐험하고 다녔지만, 나는 서울과 제주도를 당일로 오가며 진행형의 진화 생태계를 탐험하고 있다. 다만 나에게 부족한 것은 다윈과 같은 치열한 통찰력과 새로운 이론을 정립하여 세상에 발표하고자 하는 용기였다.

30년 동안 한국의 다양한 기업들과 함께 살아왔으면서도 여전히 기업의 본질을 제대로 이해하고 있지 못함을 반성한다. 그리고 위기에 처한 기업들에게 명확한 원인과 해법을 제시해주지 못하고 있음을 안타깝게 생각한다.

1970~1980년대 한국 기업들은 일본 기업들의 성장모델을 그대로 따라했다. 그리고 1990년대와 2000년대에는 미국 기업들의 모델을 따라하고 있다. 그러나 이러한 답습과 모방, 벤치마킹이 언제나 적절한 해답이 된다고는 생각하지 않는다. 어느 기업에는 일본식 경영기법이, 또다른 기업에는 미국식 경영기법이 효과가 있을 것이고, 경우에 따라서는 이 두 가지 방식이 모두 효과가 없는 기업도 있을 것이다. 모든 기업이 GE와 도요타를 따라할 수는 없다. 업종마다 진화의 수준이 다르기 때문이다. 만약 갈라파고스 수준의 회사가 뉴욕의 수준을 흉내낸다면 고스란히 독이 될 수 있다. 같은 업종이라 하더라도 기업 문화의 풍토가 또 다르므로 기계적인 섣부른 답습은 역효과를 초래할 수 있다.

미국의 GE가, 일본의 도요타가 이러저러한 전략과 기법으로 성공했다고 해서 한국의 기업 전체가 그것을 따라하는 것은 진화의 법칙을 무시하는 꼴이다. 경제경영의 생태계는 자연의 생태계보다 더욱 경쟁적이고 변화무쌍하며 진화의 속도 역시 무척이나 빠르다. 시대의 변화에 맞춰 상품과 경영기법을 진화시키지 않으면 곧바로 도태되는 것이 바로 비즈니스 생태계다.

한국의 기업들이 비즈니스 생태계의 진화 법칙과 진화 방향을 제대로 이해하고 적극적으로 활용하여 마침내 무한 경쟁의 글로벌 시장에서 궁극의 승리자가 되는 데 이 책이 조금이라도 도움 되기를 바란다.

김영한

1장

비즈니스는
진화한다

자본주의의 진화

물론 이전에도 진화론에 대한 초보적인 착상과 의견들이 있었지만, 정확한 증거에 근거하여 과학적 이론으로 체계화한 사람은 다윈(Charles Darwin)이 처음이었다. 그가 이러한 업적을 남길 수 있었던 것은 놀라울 정도로 세밀한 관찰력과 방법론적 연구, 그리고 꼼꼼한 기록이 있었기 때문이다.

"내가 보통 사람보다 나은 점이 있다면 사람들이 쉽게 지나치는 것들을 주의 깊게 관찰하는 것과 그것에 지루함을 느끼지 않는다는 것뿐이다. 또한 자연과학에 대해 식을 줄 모르는 열정과 관심이 있었다."

다윈은 1831년에 영국을 떠나 5년 후인 1836년에 돌아왔다. 비글호를 타고 남아메리카를 일주하며 산과 숲을 탐험했고, 돌아오는 길에 갈라파고스(Galapagos) 제도의 원시적인 생태계를 목격하고 큰 충격을 받았다. 그곳에서 그는 몇 백만 년의 세월을 거슬러 오르며 진화론의 기초를 정리했다.

그는 진화론, 적자생존론과 함께 자연선택설을 주창하였다. 자연선택설이란 "어떤 생명체에게 특정 환경이 가장 적합한 것인지 아닌지를 결정하는 것은 자연이며, 그 결정에 따라 선택받은 생명체는 자연으로부터 최고의 혜택을 누리게 된다"는 것이다. 이러한 '자연선택 → 적자생존 → 진화'의 사이클은 자연생태계 안에서 한순간도 쉼 없이 계속되고 있다. 그렇다면 거대한 자연생태계의 일부인 인간사회, 그중에서도 가장 변화무쌍하다는 비즈니스 세계에서도 이러한 진화의 사이클이 적용되고 있는 것은 아닐까.

자연생태계에서는 자연이 생명체를 선택하지만, 비즈니스 세계에서는 시장이 기업을 선택한다. 이러한 모델을 '시장선택설(Market Selection)'이라고 표현해보자. '시장선택 → 적자생존 → 진화'라는 냉정한 사이클이 비즈니스 생태계 안에서도 똑같이 적용되고 있다는 것이 이 책의 기본 착상이다.

군주주의가 민주주의로 바뀐 후에도 자본주의는 사회주의의 도전을 받아야 했다. 그러나 '역사의 진화'를 강조하면서도 역설적이게도 진화를 거부했던 사회주의는 도태되고, 많은 한계와 모순에도 불구하고 끊임없이 내부로부터 진화의 동력을 키워왔던 자본주의는 끝내 살아남았다. 오늘날 러시아와 중국은 그 어느 나라보다 적극적으로 자본주의를 수용하고 있으며, 자본주의에서 사회주의로 갔던 베트남 역시 다시 자본주의로 회귀하고 있다.

자본주의가 이처럼 끈질긴 생명력을 갖는 이유는 시대의 변화에 따라 스스로 진화하기 때문이다. 자본주의는 다음의 4단계를 거쳐 진화하고 있다.

18세기 유럽의 시민혁명 이후 싹튼 자본주의는 '고전 자본주의' 라 할 수 있다. 이 시기에는 '이기적인 개인'이 사회 동력이었으며 정부는 국방과 치안만 담당하였다.

진화하는 자본주의

항목	고전자본주의	수정자본주의
등장배경	시민혁명 이후(18세기)	대공황(20세기 초)
주역	이기적 개인	온정적 정부
공공(정부)의 역할	야경(夜警)국가 →국방 치안 등 최소 기능 담당	큰 정부, 큰 복지 →뉴딜정책, 조세정책 등
장점	효율성	빈부 격차 완화
약점	형평성 악화, 빈부 격차	효율성 추락

항목	신자유주의	디코노미(Di-conomy)
등장배경	1970년대 석유파동 후	디지털 기술의 발달
주역	이기적 개인과 시장	개인과 공생
공공(정부)의 역할	작은 정부, 작은 복지 →세금 감면, 규제 완화	작은 정부, 큰 공공 →집단의 창의성으로 혁신
장점	성장 유도, 효율성 향상	시장원리 속에서 이타적 공공기능 강화
약점	경쟁에서 탈락하는 약자 문제	자본주의의 주류로 확장될지 미지수

하지만 20세기 초 대공황을 겪으며 정부의 역할이 강조되는 '수정자본주의'가 등장하였다. 이 시기에는 정부의 주도로 시장을 제어하고 분배를 조율했지만 효율성이 떨어지는 약점이 나타났다.

1970년대의 석유파동을 겪으며 다시 시장의 자율적 기능이 강화되었다. 이 시기에는 '작은 정부'의 규제 완화로 경제성장을 유도하고 시장의 효율성을 추구하였다.

2000년대에는 디지털 기술이 급속히 발달하여 세계시장이 하나로 연결되는 '디코노미(Diconomy)' 즉 디지털 이코노미가 탄생하였다. 아울러 개인과 사회가 공생의 길을 찾고 시장원리 속에서도 공공의 기능을 강화하자는 '사회책임경영(CSR)'과 환경을 중시하는 '지속가능경영' 등이 새로운 화두로 떠올랐다.

굿바이 침팬지

우리는 침팬지였다

6·25전쟁이 일어났던 1951년에 나는 세 살이었다. 전쟁 후 한국은 완전히 폐허가 되었지만 그후 50년 만에 세계 경제력 10위권의 나라로 발전했다. 나는 이 격동의 과정을 온몸으로 경험하였다. 1인당 GNP가 500달러였던 시절의 기억이 아직도 생생하다. 지금의 초등학교에 해당하는 국민학교에 다닐 때만 해도 한국의 모든 산은 민둥산이었다. 초가집에서 땔감으로 볏짚과 나무를 썼기 때문이다. 당시에는 농업인구가 전체 인구의 80% 정도였지만 농사기술이 재래식이어서 수확량은 신통치 않았다. 어린아이들은 늘 주린 배를 채우기 위해 산에 올라 아카시아의 꽃을 따먹고 칡뿌리를 캐곤 했다. 1960년대까지만 해도 버마(지금의 미얀마)나 베트남, 필리핀이 우리나라보다 잘살아서 그들이 쌀을 원조해주면 정부에서 배급을 해주던 기억도 난다.

도시라고 해도 사정은 별반 다르지 않았다. 시골에서 보따리 하나 들고 무작정 상경한 사람들이 산비탈에 판잣집을 짓고 살며 노동예비군 역할을 했다. 이러한 저임금 구조 아래서 삼호방직이나 경성방직 같은 회사는 겨우 목화를 틀어 천을 만들었고 한국생사는 누에고치로 비단을 만들었다. 수출이라면 바다에서 채취한 김을 일본에 보내고 사람들의 머리카락을 모아 만든 가발을 미국에 보내는 것이 고작이었다.

그리고 5 · 16 군사혁명과 함께 강력한 개발 독재가 시작되었다. 정치적 공과에 대한 평가는 여전히 분분하지만, 어쨌든 박정희 정권을 기점으로 공업을 일으키고 수출을 촉진하는 급격한 근대화 드라이브가 시작되었다. 기업들은 부족한 기술력을 값싼 노동력으로 메우며 일본의 공산품을 모방하여 더 싸고 빠르게 만드는 일에 매진했다. 당시 세계 속에서 한국의 별명은 '작은 일본'이었다.

흔히 인간과 비슷한 동물 종을 '영장류'라고 한다. 영장류 중에서도 인간과 유전적 특성이 가장 비슷한 동물이 바로 침팬지다. 침팬지와 인간의 유전자는 99%가 일치한다. 열대의 축축한 산림이나 사바나에 서식하는 침팬지는 뇌 용량이 사람의 1/3 내지 1/4밖에 되지 않는다. 30~80마리가 무리를 지어 사회적 단위를 유지하면서 생활하며 무리 중의 우두머리가 조직을 이끌고 관리한다.

동물 칼럼니스트인 리처드 콘니프는 『양복 입은 원숭이』라는 책에서 침팬지 사회를 다음과 같이 묘사하고 있다.

"침팬지들은 우두머리에게 번갈아가면서 절을 한다. 때때로 하위 침팬지들은 나뭇잎이나 먹을거리를 가져다 우두머리에게 바치거나 그의 발이나 가슴에 입을 맞추기도 한다. 우두머리 침팬지는 몸을 쭉 펴서 자신의 덩치를 과시하기도 하고 머리털을 곤두세우는 식으로 부하들의 인사에 답을 한다."

1970~80년대 고속 성장 시기의 한국 기업들은 침팬지 무리와 같았다. 말단 사원 위로 주임, 계장, 대리가 즐비하고 과장, 차장, 부장이 조직을 관장했다. 임원이 되어도 이사보, 이사, 상무, 전무, 부사장, 사장, 부회장, 회장으로 이어지는 층층 서열이었다. 어떠한 기안도 열 개 이상의 도장이 찍혀야 승인되는 비효율적 품의제도가 경영의 기본원리였다. 공장에서 공구를 하나 구입할 때도 도장을 20개씩 찍어야 했고, 결재 받는 데 걸리는 시간이 길게는 2개월까지 걸렸다. 업무공간의 자리 배치도 철저히 서열 위주였다. 과장이 제일 뒷줄에 앉으면 그 앞으로 줄줄이 서열순으로 앉아야 했다. 물론 가장 앞줄에는 신입사원이나 여사원이 앉아 부서 내의 온갖 잡일을 거들게 된다.

결재가 진행될 때면 회전의자에 앉아 있는 상사 앞에 부하직원이 부동자세로 서 있어야 했다. 그 과정에서 호통이나 폭언, 심지어 재떨이나 결재서류가 날아다니는 일도 비일비재했다. 이러한 관료주의적인 조직에서 살아남으려면 무조건 상명하복하고 무엇보다 눈치가 빨라야 했다. 부하직원들은 번갈아 상사 앞에 가서 허리를 굽히고 충성을 맹세해야 했다. 조직 안에서 살아남기 위해서는 새벽같이 출근하여 매일 야근을 하고도 주말을 반납해야 했다.

이러한 기업문화 속에서 '실적 저조'는 곧 도태를 의미했다. 한국의 비즈니스맨들은 무조건 남의 것을 베껴 조금이라도 싸게 팔고, 그래도 안 팔리면 가격을 더 깎아 기어코 판매 목표를 달성하곤 했다. 지금껏 한국의 기업들은 이렇듯 침팬지 흉내를 내며 국가 경제를 일으켰다.

모방만으로도 충분했던 시절

1960~70년 동안 세계의 IT 업계를 지배해오던 IBM은 1980년대 후반에 위기를 맞게 된다. 이에 IBM은 역사상 처음으로 외부에서 전문경영인을 영입하여 위기 타파를 모색하기에 이르렀다. 새로 영입된 루 거스너 회장은 IBM에서 처음으로 사장급 경영자회의를 주관하며 이렇게 말했다.

"회의장에 들어와보니 저를 제외한 모든 남성분들은 흰색 셔츠를 입고 계시는군요. 새로 부임한 저는 파란색 셔츠를 입고 있습니다만."

몇 주 후 다시 경영자회의가 열렸을 때 루 거스너 회장은 IBM의 기업문화를 존중하는 뜻에서 흰색 셔츠를 입고 있었다. 하지만 다른 경영자들은 저마다 색깔이 있는 셔츠를 입고 있었다. 모방은 동서고금을 막론하고 기업에서는 생존의 법칙이다.

나는 40년 전에 컴퓨터 세일즈맨으로 처음 사회생활을 시작했다. 미국에서 만든 컴퓨터를 수입해서 국내에 파는 단순한 일이었지만, 당시만 해도 컴퓨터 관련 일을 한다고 하면 'IBM맨'이라고 해서 제법 인정을 받았었다. 어느 정도 그 일을 하다가 "왜 우리는 남의 것만 수입해서 팔아주어야 하나" 하는 생각이 들던 차에 마침 삼성전자에서 컴퓨터 국산화 사업을 한다고 해서 그리로 자리를 옮겼다. 물론 삼성전자에서도 역시 HP의 컴퓨터를 수입해서 파는 일이 주된 업무였다. 그래도 제조업체였던 삼성전자는 무언가를 직접 만들어보려 노력했다.

삼성전자는 원래 TV를 만들던 회사라 그와 기술 분야가 비슷한 컴퓨터 모니터 사업부터 착수했다. 미국 모니터를 가져다가 똑같이 만들기 시작한 것이다. 삼성전자는 이미 대규모의 생산공장을 가지고 있었고 한국에는 값싼 노동력이 넘쳐났다. 이내 삼성전자는 낮은 원가를 무기로 세계 모니터 시장의 강자로 부상했다. 이렇듯 특별한 기술이 필요 없는 분야에서는 모방만으로도 충분한 경쟁력을 가질 수 있다.

이후 삼성전자는 IBM PC의 호환기종 생산에 돌입했다. 그 역시 인텔에서 마이크로프로세서를, 마이크로소프트에서 소프트웨어를 수입할 수 있었기 때문에 쉽게 모방할 수 있었다. 삼성전자는 모니터 사업에서의 성공을 발판 삼아 값싼 PC를 양산하기 시작했다. 미국 시장에 일부를 수출하기도 했지만 국내시장이 더욱 매력적이었다. 그 무렵 한국 기업들은 IT 투자를 점차 늘리고 있었고 개인들도 PC를 필수 가전제품으로 여기기 시작했다. 덕분에 삼성의 PC 사업은 호황을 맞게 된다.

TV, 냉장고 등 가전제품 분야에서는 무조건 일본 제품을 모방하고 핵심 부품을 일본에서 수입하던 시절이었다. 그에 비해 PC는 미국 제품과 똑같이 만들고 부품과 소프트웨어를 미국에서 수입해서 국내에서는 조립만 하는 방식이었다. 물론 기판을 만들고 조립, 테스트하는 일도 쉬운 일은 아니지만, 사실 이런 일은 청계천이나 용산의 전자상가에서도 얼마든지 할 수 있는 수준이었다. 다만 소규모 전자상가보다 대기업이 유리한 점은 품질과 판매망, 애프터서비스였다. 인터넷쇼핑이라는 새로운 시장이 열리기 전까지는 대기업의 모방 전략이 적어도 국내에서는 압도적인 경쟁력을 가질 수 있었다.

온실경제의 SWOT

1970년대 말부터 1980년대 중반까지는 한국 기업들에게 그야말로 꿈같은 시기였다. 당시 나는 삼성전자에서 근무했었는데 모든 경영 계획을 전년 대비 2배로 편성하던 기억이 난다. 판매량 2배, 인력 2배, 경비 2배로 계획하면 희한하게도 늘 들어맞았다. 컬러TV 방송이 시작될 무렵 컬러TV를 만들어낼 수 있는 기업은 금성과 삼성전자뿐이었으므로 이 두 기업이 아무리 컬러TV를 많이 만들어도 국내 수요를 감당할 수 없었다. 컬러TV뿐 아니라 냉장고도 세탁기도 만드는 대로 팔려나갔다. 소비자들이 제품을 사려고 줄을 서서 기다리고 있는 상황에서 대리점들은 물량 확보가 최대 관건일 수밖에 없었다. 대리점 직원들은 아예 공장 앞에 차를 대놓고 있다가 제품이 출고되자마자 앞 다퉈 달려들곤 했다. 이 시절에는 한국의 모든 가전업체들이 어떻게 해서든 공장시설을 늘리고 제품

하나라도 더 빨리 만들기 위해 사력을 다했다. 생산량이 곧 판매량이었기 때문이다.

가전제품뿐 아니라 다른 공산품도 상황은 비슷했다. 정부에서 국내 산업 보호 차원에서 수입을 규제했고, 늘어나는 시장수요에 따른 국내 기업들끼리의 경쟁은 뜨거웠다. 처음부터 도요타나 GM 등과 경쟁했다면 오늘날의 현대자동차나 기아자동차는 살아남기 힘들었을 것이다. 외제차 수입을 규제하는 상황에서 국민들은 애국심 때문에 다소 품질이 떨어지고 안전성도 부족한 국산차를 선택했다. 덕분에 국산 자동차 역시 만드는 대로 팔려나갔다.

정부의 시장 보호와 급속한 경제성장, 그리고 애국심에 기대어 국내시장에서 확고한 발판을 다진 한국 기업들은 1980~1990년대부터 해외로 눈을 돌리기 시작했다. 세계시장에서 한국은 일본과 비슷한 품질의 제품을 보다 싸고 빠르게 만드는 유일한 나라로 주목을 받기 시작했다. 이러한 수출 호황으로 한국 경제는 기적적인 성장을 거듭했다. 수출 규모도 100억 달러에서 1,000억 달러로, 현재는 5,000억 달러를 넘어 1조 달러 달성을 눈앞에 두고 있는 상황이다.

제조업 중심의 한국 경제는 기관차처럼 빠르게 성장하였다. 기관차는 앞에서 방향을 잡고 엔진이 힘을 내면 뒤에 달려 있는 차량이 빠르게 따라 움직인다. 이런 점에서 기관차는 성장과 속도, 계획경제의 상징이다. 그러나 기관차의 강력한 엔진이 방향을 잘못

잡거나 궤도에 문제가 생겼을 경우 심각한 위기를 맞을 수도 있다. 1980~90년대의 세계경제는 한국의 기관차가 마음껏 달릴 수 있는 '기회의 궤도'였다. 하지만 2000년대에는 상황이 급변했다.

아날로그 경제에서 디지털 경제로, 미국과 유럽이 주도하는 패권적 경제에서 브릭스, 친디아의 이머징 경제로 세계 경제의 판도가 바뀌고 있다. 미국 경기의 후퇴, 중국과 인도의 성장 등으로 시장과 경쟁여건이 바뀌고 있는 것이다. 특히 중국은 한국 경제에 있어 기회이자 위협이다. 거대한 잠재시장이자 무섭게 성장하는 신흥공업국이기 때문이다. 오랜 세월 한국경제를 키워온 따뜻한 온실은 글로벌 태풍 앞에 붕괴되었다. 이제 성장과 속도의 의미 자체가 바뀌고 있다. 이 순간, 한국경제의 기회와 위협, 강점과 약점(SWOT)은 과연 무엇일까?

샌드위치
위기론

2007년 1월, 삼성의 이건희 회장은 그룹 관계자들과 모인 자리에서 다음과 같이 말하며 이른바 '샌드위치 위기론'을 주창했다.

"앞으로 20년이 더 걱정이다. 5년, 10년 뒤에는 혼란이 올 수도 있으므로 지금 정신 차려야 한다. 중국은 쫓아오고 일본은 앞서가는 상황에서 한국은 샌드위치 신세다."

샌드위치론이란 간단히 말해 "중국의 추격은 무섭고 일본과의 격차는 좀처럼 좁히기 어려운 상황에서 한국이 진퇴양난의 위기에 처해 있다"는 것이다. 2007년 6월 노무라종합연구소 서울지점장인 오노 히사시 역시 "한국 경제는 기술 장벽 샌드위치, 이익 장벽 샌드위치, 시장 지배 샌드위치, 첨단산업 샌드위치에 처해 있는 상황"이라고 진단했다. 이후로 샌드위치론은 새로운 성장 동력을 찾지 못한 채 만성 부진의 늪에 빠져 있는 한국 경제의 딜레마를 지칭하는 용어로 널리 쓰이며 정재계의 화두가 되었다.

사실 이러한 위기론은 한국 산업화의 기세가 주춤해지기 시작한 1990년대 후반부터 지금까지 줄곧 제기되어왔다. 특히 IMF 직후 미국의 컨설팅업체 부즈앨런&해밀턴이 "한국은 미국, 일본과 같은 선진국에 비해 기술과 품질 경쟁에서 밀리고, 중국이나 동남아 후발개도국에 비해 가격 경쟁에서 밀리며 너트크래커

(nutcracker)에 끼여 있는 상황이나 다름없다"고 지적한 이래로 한국 경제의 위기의식은 '너트크래커론'이란 용어로 대표되어왔다.

물론 이러한 위기론에 대한 이견이나 반론도 있다. 예를 들어 경제학자 우석훈은 최근 저서인 『샌드위치 위기론은 허구다』(개마고원)에서 "기업이란 본질적으로 항상 그러한 경쟁 환경에 놓여 있다. 샌드위치 위기론은 기업가들이 정부에 무엇인가를 요구하기 위해 만들어낸 허구의 담론에 불과하다"고 주장했다. 아예 '샌드위치 위기론'이 아니라 '희망의 샌드위치론'을 역설하는 입장도 있다. 이감열 전자산업진흥회 부회장의 경우 "한국은 중국을 단순히 추격자로만 볼 게 아니라 한국 옆에 있는 거대 시장으로 활용하고, 아래에 위치한 일본과는 기술경쟁과 협력을 통해 시너지 효과를 낼 수 있다"고 말한 바 있다.

2008년 초 「월간중앙」의 인터뷰기사에 따르면, 박태준 포스코 명예회장은 "부메랑론은 여전히 유효하다. 지독하게 따라붙으면 따라잡을 수 있다"고 말하며 '샌드위치 위기론'의 부정적인 자기암시 효과에 대해 경고했다. '부메랑론'이란, 한국의 포스코에 세계 철강업계 제2인자의 자리를 내주고 만 신일본제철의 사이토 회장이 언급한 것으로, 일본이 일단 물건부터 팔고보자는 안이한 생각으로 한국에 쉽게 기술이전을 해주어서 결국 한국에 따라잡혔다는 것이다.

갈라파고스의 전봇대

병원은 의사면허를 가진 사람들만 개업할 수 있으므로 진입장벽이 높다. 말하자면, 기득권을 가진 사람들이 기존의 질서를 오랫동안 유지해왔기 때문에 진화가 거의 이루어지지 않은 갈라파고스 같은 업종이라 할 수 있다. 아픈 사람은 계속 생기고 병원은 한정되어 있기 때문에 '경영'에 신경 쓸 필요가 별로 없다. 더구나 외국계 병원들이 국내에서 개업할 수 없으므로 '경쟁력'에도 신경 쓸 필요가 없다. 지금까지는 그랬다.

하지만 개방화의 바람은 이러한 특수한 시장 환경에도 변화를 몰고 왔다. 병원에도 경영 개념이 도입되어 이른바 '브랜드 병원'이 생겨나기 시작한 것이다. 예를 들어 예치과의 경우 치과의사들이 '네트워크 병원'을 만들어 전국 50여 개 병원으로 규모를 키웠다. 국내에서 성공을 거두자 해외로 눈을 돌려 중국과 베트남에도 진출하였다.

2007년에 예치과 해외병원들을 위해 경영 지도를 한 적이 있다. 그때 중국 상하이와 동부 3성에 있는 치과의사들과 여러 가지 토의를 하였다. 국내에서 의사들과 대화할 때는 질문이 너무 없어 그들이 무엇을 이해하고 무엇을 모르는지조차 알 수 없었다. 그에 비해 중국에 진출한 의사들은 이것저것 질문이 많았다. 그들은 의료 분야에 박사 학위를 가지고 있었지만 경영에 관한 한 아주 초보적인 수준이었다.

"병원에서 과연 마케팅까지 해야 하는 겁니까?"

"의료가 왜 서비스라는 겁니까?"

"그렇게 하면 환자가 정말 늘어날까요?"

국내 의사들도 분명 이런 생각들을 하고 있었을 것이다. 다만 질문을 하지 않은 것뿐이다. 오랫동안 기득권의 영역에서 생활하다 보면 변화에 둔감해지기 마련이다.

정부 관료나 공무원들도 아직 갈라파고스에서 사는 사람들이 많다. 한국 정부는 오랫동안 권력과 규제를 양손에 쥐고 민간 위에 군림해왔다. 공무원은 갈라파고스의 이구아나처럼 아무런 경쟁 상대 없이 그 공간 안에서 장수할 수 있었다. '철밥통'이라는 말이 괜히 나온 게 아니다.

도로교통장비 등을 개발 판매해온 길라씨엔아이는 2001년부터 100억 원의 자금을 들여 디자인과 성능, 가격 면에서 기존의 제품보다 훨씬 뛰어난 도로표지병을 개발하는 데 성공하여 건설교통부로부터 '건설 신기술'을, 산업자원부로부터 '신제품 인증'을 받았다. 이 인증 과정에서 7억 원의 비용이 별도로 더 들어갔다. 하지만 건설교통부와 지방자치단체의 담당자들은 기존 업체와의 관계를 이유로 정부가 인정한 신제품을 사주지 않았다. 길라씨엔아이는 그렇게 7년의 세월을 허송했다. 낙담한 길라씨엔아이의 김동환 사장은 미국 연방조달청의 문을 두드렸다. 열 달도 채 되지 않아 미국으로부터 계약 통보가 날아왔다. 김 사장은 이렇게 말한다.

"지도력도 국가에 대한 충성심도 없이 오직 인사권자 눈치만 살피는 공무원들이 승승장구하는 한 나 같은 기술 개발자들은 결코 정부를 믿지 않을 겁니다."

2007년에 이명박 대통령 당선인은 공무원들의 관료주의를 '전봇대'에 비유하였다. 목포의 대불공업단지에 있는 한 조선 관련 업체가 대형 철제 모듈을 수송하는데 길을 가로막고 있는 전봇대 때문에 늘 불편함을 겪었다고 한다. 업체가 전봇대를 옮겨달라고 행정당국에 몇 번이나 요청했음에도 3년 동안 이 부서 저 부서로 서류만 옮겨다니고 전혀 해결은 안 되었던 것이다. 대통령 당선인이 이러한 관료주의를 지적하자 전봇대는 일주일 만에 옮겨졌다. 이 상징적인 사건은 기득권을 가진 사람들의 머릿속에 여전히 '전봇대'가 깊숙이 박혀 있음을 보여주고 있다.

벤처기업의 대기업 흉내 내기

1997년 닥친 IMF 외환위기는 너무나 급작스럽게 찾아온 국가적 위기 상황이라 어느 기업이라 할 것 없이 경영이 어려웠다. 그러나 그러한 총체적 위기 상황을 기회로 삼아 구조조정과 경영 혁신을 단행하여 이전보다 경영 여건이 훨씬 좋아진 기업들도 있었다.

2000년대 초반부터 차별화된 경쟁력으로 급성장한 벤처기업들이 나타나기 시작한다. 무선호출기(일명 삐삐)를 만들던 팬택은 1997년에 유관사업인 휴대전화기 제조로 방향을 돌렸다. 때마침 국내외적으로 휴대전화기 수요가 크게 늘고 선도사업자인 삼성전자가 고급 폰에 치중하고 있어 팬택은 중저가 시장에서 급성장할 수 있었다. 매출이 3조 원에 이르자 팬택은 해외직판체제를 확대하기 위해 막대한 자금을 쏟아붓는다. 해외에서는 전혀 이름이 알려지지 않았던 팬택이 대기업을 흉내 내어 전 세계를 동시에 공략하겠다는 무모한 전략을 펼친 것이다. 미국, 유럽, 러시아, 중국, 중남미 등 모든 해외 시장에서 골고루 잘하겠다는 것은 대기업으로서도 매우 힘든 전략이다. 결국 팬택은 자금난으로 문을 닫아야 할 지경에 몰렸다가 채권단의 워크아웃(기업구조개선작업) 조치로 가까스로 위기를 모면하였다.

첨단의료기기 생산업체인 메디슨은 애초에 초음파진단기를 국산화하여 급성장한 기업이다. 후발 중소기업의 징크스를 극복하기 위해 과감히 R&D에 집중, 성장률이 연평균 5% 남짓한 초음파진단기 시장에서 기술력을 바탕으로 한 다품종 소량 생산 전략으로 연평균 50% 가까운 고성장을 이루어냈다. 벤처 버블 시대가 도래하자 메디슨은 벤처기업의 대표적인 성공 모델로 투자자들의 주목을 받았고, 자금이 풍부해진 메디슨은 소위 '메디슨 연방제'를 표방하며 과감한 스핀오프와 사업 확장에 나섰다. 하지만 시간이 지남에 따라 메디슨은 자신의 전문 영역과는 전혀 상관없는 분야로까지 무리하게 사업을 확장하기 시작했다. 대기업을 흉내 내기 시작한 것이다. 결국 유동성 위기로 법정관리로 넘어갔던 메디슨은 최근 본업인 의료용 전자기기 사업에만 매진하고 있다.

휴대전화기 업체인 VK는 모토로라보다도 먼저 8.8mm 두께의 초박형 휴대폰을 출시함으로써 일약 세계시장에서 그 기술력을 인정받았다. VK의 얇고 저렴한 휴대폰은 특히 젊은이들에게 각광을 받아 매출이 크게 늘고 투자자들도 몰려들었다. 하지만 자금력이 좋아진 VK 역시 '사업다각화'라는 명분으로 이곳저곳에 손을 대기 시작했다. 업력이 불과 몇 년 되지도 않은 신생 회사가 중국에서 게임 사업을 벌이겠다고 발표하는가 하면 콘텐츠 유통 사업을 시작하겠다는 공시를 내기도 했다. 안양에 18층 규모의 빌딩을 사들여 새 사옥을 만들기도 했다. IT 업종 중에서도 휴대폰 사업은 기술 경쟁, 디자인 경쟁이 가장 치열한 분야다. 한순간 방심해도 곧바로 도태될 수 있는 시장에서 VK는 만용을 부렸다. VK는 현재 법정관리 중이다.

남다른 기술력이나 획기적인 제품 개발로 일약 스타덤에 올랐던 한국의 벤처기업들이 이렇듯 일시에 무너지는 이유는 무엇일까? 중소 벤처기업에 어울리는 선택과 집중, 차별화와 기동성으로 승부하지 못하고 대기업을 섣부르게 흉내 냈기 때문이다. 요즘도 코스닥에서는 농약 제조업체가 엔터테인먼트 사업에 진출하겠다고 선언하는가 하면 휴대폰 부품 제조업체가 해외 유전 개발에 나서 겠다고 발표하는 식의 공시가 심심찮게 등장한다.

중소 벤처기업이 남다른 제품으로 일단 시장 진입에 성공했다면, 또다른 기술 혁신을 통해 차별화된 제품으로 이른바 '지속가능 경영'을 추구해야 한다. 비슷한 시점에 미국에서도 역시 나스닥의 벤처 버블이 있었지만, 실리콘밸리의 벤처기업들은 투자자가 몰려 드는 상황에서도 섣부른 사업다각화보다는 기술 개발에 더욱 집중함으로써 대다수 살아남을 수 있었다.

역사학자 아널드 토인비는 이렇게 말했다.

"역사적 성공의 반은 죽을지도 모르는 위기의식에서 비롯되었고 역사적 실패의 반은 찬란했던 시절에 대한 기억에서 비롯되었다."

이구아나인가 카멜레온인가

만용과 과욕에서 비롯된 엉뚱한 사업다각화는 실패의 위험성을 안고 있지만, 시대의 트렌드와 비즈니스의 진화 방향을 명확히 인식하고 끊임없이 스스로를 변화시키려는 노력은 기업의 생존에 꼭 필요한 미덕이다.

세계 휴대폰 시장의 35%를 쥐고 있는 세계 최강의 휴대폰 업체는 인구가 겨우 5백만에 불과한 핀란드의 노키아다. 1865년 설립 당시 노키아는 핀란드 남부 노키아 강둑에 제재소를 지어놓고 나무를 벌목하여 펄프와 종이를 만들던 목재회사였다. 1960년 들어서야 장거리전화 사업을 하는 전자부를 설립했는데, 그 안에 무선전화(Radio telephone) 부문이 있었다. 숲이 많아 지리적으로 접근이 어렵고 인구가 드문 지역에서는 무선통신이 유용했지만 당시만 해도 무선통신 시장은 그리 크지 않았다.

휴대폰 시장이 본격적으로 열린 이후에도 노키아는 단말기를 생산하는 유럽의 여러 업체 중 하나에 불과했다. 그러나 1977년 노키아의 새로운 CEO 카리 카이라모는 독일의 TV 제조업체, 에릭슨의 컴퓨터 사업 부문, 미국의 호출기 업체 등을 사들이며 과감한 사업 확장을 시도한다. 그리고 국제적 경험을 쌓은 전문경영인을 외부에서 영입한다. 그중 한 사람이 시티은행에서 노키아 담당 매니저로 있다가 1985년에 노키아의 국제 담당 부사장으로 영입된 요르마 오릴라다.

카이라모 회장은 러시아 시장을 개척하여 상당량의 전선과 통신 장비를 판매했다. 그러나 불행히도 구소련이 붕괴되면서 자금 회수가 어려워졌고, 새롭게 추진한 TV 및 컴퓨터 사업에서도 고전을 면치 못한다. 1988년 무리한 사업다각화로 궁지에 몰린 카이라모 회장은 결국 자살을 하게 되고, 1990년 오릴라는 휴대폰 사업의 총책을 맡게 된다. 카이라모의 후임 회장은 당시 오릴라에게 이렇게 말했다.

"6개월 후에 무선전화 사업을 처분해야 할지 계속해야 할지를 보고서로 내게."

그리고 4개월 후 오릴라는 회장에게 이렇게 말했다.

"이 사업을 처분해서는 안 됩니다. 제가 한번 살려보겠습니다."

1990년대 초반 노키아는 수익성 없는 사업을 이것저것 거느린 전형적인 문어발 기업이었고, 기업의 미래는 불투명했다. 오릴라가 최고경영자(CEO)로 취임하기 한 해 전인 1991년에는 상황이 더 나빠졌다. 노키아의 최대주주인 핀란드은행이 자신들의 보유지분을 경쟁사인 에릭슨에 매각하겠다고 발표한 것이다. 에릭슨이 만약 이 제안에 동의했다면 오늘날의 노키아는 존재할 수 없었을 것이다. 다행히 에릭슨은 이 제안을 거부했고, 노키아는 스스로 살아남기 위한 노력을 할 수밖에 없었다. 이것이 오릴라에게는 절호의 기회가 되었다.

오릴라는 CEO 취임과 함께 제지, 목재, 텔레비전, PC 등 노키아 매출의 대부분을 차지하고 있지만 수익성이 낮고 미래가치가 없는 사업부들을 과감히 매각하고 휴대전화 사업에 집중했다. 그는 당시만 해도 일부 상류층만 사용하던 휴대전화가 머지않아 일반 소비상품으로 자리 잡게 될 것이라고 판단했다. 이러한 판단 하에 그는 여러 이름으로 제작, 판매되고 있던 노키아의 휴대전화 브랜드를 하나로 통일시켜 노키아의 브랜드 가치를 키우는 데 주력했다. '노키아'라는 브랜드가 휴대폰의 이미지와 잘 어우러지도록 하기 위해 3M의 마케팅 담당이었던 안시 반요키(현 부사장)를 영입한 것도 그 무렵이었다.

그는 휴대폰 사업을 성공시키려면 무엇보다 미국 시장에 진입해야 한다고 생각했다. 그리고 미국에 진입하려면 당연히 미국인들이 원하는 휴대폰을 만들어야 한다고 생각했다. 그는 노키아에서 휴대폰의 개발, 생산, 마케팅을 책임지고 있는 사람들에게 미국의 중심가에 가서 소비자들을 관찰하고 직접 물어보라고 지시했다. 미국인들이 어떤 휴대폰을 원하는지, 기존 휴대폰의 불편한 점이 무엇인지 등을 조사하도록 한 것이다. 노키아가 미국 워크숍에서 얻은 결론은, 미국 소비자들이 지금 사용하고 있는 모토로라 휴대폰에 만족하지 못하고 있으며 '더 작고 더 가볍고 더 세련된 디자인'의 휴대폰을 원한다는 것이었다.

1993년 노키아는 LA의 디자이너인 프랭크 누오보와 계약을 맺고 '매끈하고 날씬한' 스타일의 휴대폰을 디자인해줄 것을 의뢰했다. 시계가 과학적 측정 장치에서 일상의 실용도구로, 더 나아가 패션용품으로 변모해왔듯이 휴대폰 역시 머지않아 같은 길을 걷게 될 것이라 판단하고 휴대폰에 '패션' 개념을 처음으로 도입한 것이다. 모토로라와 달리 노키아는 소비자와 제품이 직접 소통하는 채널인 유저인터페이스(UI)에도 큰 화면과 세련된 그래픽 등 새로운 개념을 도입했다. 기술적으로는 유럽의 기술표준이 된 유럽식 디지털 이동통신 방식(GSM)을 채택했다. 소프트웨어에 기반을 둔 메뉴 시스템을 통해 '휴대폰-PC 싱크'의 기술적 발판을 마련한 것도 노키아였다.

오릴라 회장은 이름만 그대로 두고 모든 것을 바꾸었다. 그 결과 작고 아름다운 디자인에 편리한 메뉴판을 보면서 다양한 기능을 이용할 수 있는 새로운 개념의 휴대폰이 만들어졌다. 노키아의 휴대폰은 모토로라로 대표되는 기존의 '검은 벽돌형(brick) 휴대폰'

이 아니라 컬러풀한 디자인에 다양하고 세련된 벨소리를 탑재한 패션상품이었다.

특히 미국 소비자들의 반응은 폭발적이었다. 멀리서 보아도 쉽게 구별이 될 수 있을 정도로 노키아의 휴대폰은 작고 귀엽고 컬러풀했으며 벨소리의 격이 달랐다. 오랫동안 크고 무겁고 투박한 디자인과 날카롭고 단조로운 벨소리에 싫증을 느끼고 있던 사람들은 앞 다퉈 노키아 휴대폰으로 바꾸었다. 1993년 출시된 노키아의 2100시리즈는 판매 목표가 40만 대였지만 2,000만 대가 넘게 팔려 나갔다. 이후로도 노키아는 경쟁사보다 한발 빨리 혁신적인 제품을 내놓았다. 1998년, 노키아는 모토로라를 누르고 마침내 세계 최고의 휴대전화 업체로 올라섰다.

작은 나라 핀란드에 있는 무명의 회사가 세계시장의 최강자로 부상하는 데까지는 그리 오랜 시간이 걸리지 않았다. 오늘도 노키아는 "모든 사람의 주머니 속에 인터넷을!"이라는 슬로건 아래 패셔너블한 첨단제품을 속속 내놓으며 부동의 업계 1위를 고수하고 있다.

이렇듯 카멜레온처럼 스스로를 계속 변화시킴으로써 제이, 제삼의 생명력을 수혈하고 있는 성공적인 기업의 사례는 얼마든지 있다. B737 단일 기종으로만 5천 대 이상 판매하여 기네스북에까지 오른 세계 최고의 항공기 업체 보잉 역시 설립 당시에는 핀란드의 노키아처럼 목재회사에 불과했다. 3M 또한 현재 5만 5000여 가지

굿바이 침팬지

마음대로 변형되는 노키아의 콘셉트폰 '노키아888'

아이디어 제품을 판매하고 있지만 처음에는 광업회사였고, 게임기 업체 닌텐도는 설립 당시 화투를 만드는 가내수공업 회사에 불과했다. 이들은 모두 좁은 서식지에서 해조류나 뜯어먹으며 오랜 세월 안존한 갈라파고스의 이구아나가 아니라 필요에 따라 몸의 빛깔을 수시로 바꾸며 전 세계로 퍼져나간 카멜레온이라 할 수 있다.

M&A, 하이브리드의 진화학

미국의 듀폰(DuPont)은 1800년대 초 설립되어 지금까지 300여 년을 이어온 화학섬유회사다. 창업 초기에는 개척기 미국에 꼭 필요했던 신종 화약을 개발하여 입지를 굳혔고, 1935년에는 나일론을 개발하여 직물업계에 일대 혁신을 가져오며 세계적인 기업으로 성장했다.

1900년대 초부터 듀폰의 섬유 부문은 그룹 전체 매출의 약 25%를 차지해왔다. 듀폰의 역대 CEO들 역시 대부분 섬유 부문 출신이었다. 섬유는 전통적으로 듀폰의 핵심 사업이었던 것이다. 그러나 지금의 듀폰에는 섬유 부문이 없다. 2004년, 듀폰은 섬유 부문을 과감히 매각하고 종자(種子)업체인 파이오니어(Pioneer)를 사들였다. 21세기의 새로운 성장 동력이 될 신수종사업으로 '식량산업'을 선택한 것이다.

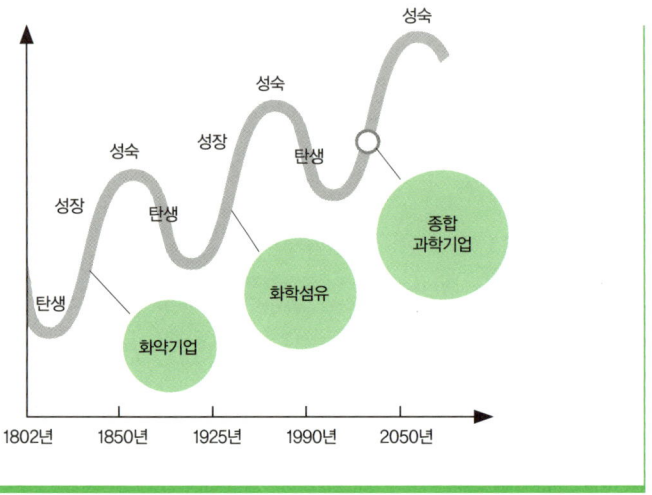

성숙

성장

탄생

성숙

성장

탄생

성숙

탄생

종합
과학기업

화학섬유

화약기업

1802년　　1850년　　1925년　　1990년　　2050년

3세기에 걸친 듀폰의 빅S 곡선

　결과적으로 듀폰의 이러한 선택이 옳았다는 것이 증명되고 있다.
한때 신조어였던 '애그리플레이션(agriflation)'이라는 용어가 이제
는 매일같이 신문지상에 오르내릴 정도로 지구촌의 식량 위기가 가
시화되고 있는 상황에서 세계적인 종자업체들은 근미래의 식량 주
도권을 확보하기 위해 이른바 '종(種)의 전쟁'을 벌이고 있다. 그리
고 듀폰의 자회사 파이오니어는 미국의 몬산토(Monsanto)에 이어
세계 2위의 종자업체로 현재 부동의 입지를 고수하고 있다.

　사실 듀폰의 이러한 선택이 갑작스러웠던 것은 아니다. 듀폰은
이미 1998년부터 7년간 600억 달러(약 60조 원)에 이르는 인수합

병(M&A)을 단행하여 사업구조를 완전히 재편했다. 그 결과 '화학섬유업체'라는 기존의 굴뚝 이미지에서 벗어나 생명공학, 신소재, 정보통신 분야를 두루 아우르는 '첨단과학기업'으로 거듭나는 데 성공했다.

듀폰의 CEO인 채드 홀리데이는 이렇게 말한다.

"성장이 있는 곳으로 가라(Go where the growth is)."

이것이 3세기에 걸쳐 세계 최고의 기업이라는 명맥을 유지하고 있는 듀폰의 생존비결이다.

2006년 인도의 철강회사 미탈(Mittal)은 프랑스의 아르셀로(Arcelor)를 인수, 조강 생산력을 1억 1,800만 톤으로 늘려 단숨에 세계 1위로 부상했다. 일본의 신일본제철(3,370만 톤)과 JEF스틸(3,200만 톤), 한국의 포스코(3,300만 톤) 등을 크게 앞지르는 데다 세계 5위권 업체들의 총합과 맞먹는 생산 규모다.

프랑스 제약회사인 사노피-아벤티스는 무려 300여 차례의 M&A를 통해 세계 제약업계 3위로 올라섰다. 막대한 연구개발비를 기약 없이 쏟아붓는 것보다는 연구개발 능력이 뛰어난 기업들을 인수하는 편이 기술력과 시간 면에서 더 효율적이라 판단한 것이다.

설립한 지 불과 10년 만에 IT 업계의 거인으로 성장한 구글(Google)도 기술업체들을 속속 인수하고 있다. 특히 기술 생명력이 짧고 신기술의 등장 속도가 빠른 IT 업계의 특성상 시장 환경에 필요한 수많은 기술들을 한 기업이 모두 자체 개발하기란 불가능에 가깝다. 그 대신 구글은 각 분야에서 이미 충분한 기술력을 확보하고 있는 벤처들을 인수하여 기존의 엔진에 탑재하는 방식으로 서비스의 외연을 무한히 넓혀가는 전략을 택했다.

오늘날 세계적인 기업들은 시장 지배력의 제고와 미래 성장 동력의 선점을 위해 M&A를 적극 활용하고 있다. M&A는 양질의 인력과 기술의 확보, 신규시장 적응시간의 단축, 새로운 브랜드의 획득, 기존 영업네트워크의 활용, 기존 업체들과의 마찰 회피 등 다양한 이점을 제공하는 기업 성장 기술이다. 2007년 1/4분기 세계 M&A 규모는 1조 1,300억 달러 수준으로 사상 최대치를 돌파했다. 이처럼 엄청난 자본력과 뛰어난 기술력, 확고한 시장 장악력을 가지고 있는 기업들도 M&A를 통해 쉼 없이 변신과 진화를 꾀하고 있는 상황에서 유독 우리나라 기업들은 M&A를 병적으로 기피하고 있다. 물론 핵심역량과 상관없는 문어발식 확장을 거듭해온 재벌기업들을 견제하기 위한 정부의 규제가 없지는 않다. 하지만 본질적으로 우리 기업들은 획일적인 통제를 좋아하고 이질적인 것들을 수용할 때 생기는 부작용을 염려하여 M&A를 기피하는 경향이 있다.

많지는 않지만 최근 우리나라에서도 적극적인 M&A를 통해 진화에 성공하는 기업들이 늘고 있다. 두산이 대표적이다. 두산은 1980년대까지만 해도 코카콜라, OB맥주와 같은 소비재에 주력했다. 당시 소비재와 산업재의 비율은 8:2 정도였다. 하지만 이 비율이 최근에는 2:8로 역전되었다. 현재 두산은 외국 건설장비 업체를 인수하는 등 세계적인 중장비 기업의 형태로 진화하는 중이다.

2006년 금호아시아나는 대우건설을 인수함으로써 국내 건설업계의 강자로 부상했다. 뿐만 아니라 항공과 육상의 물류라인을 연결할 수 있다는 점에 주목하여 마침 파산법정에 매물로 나온 대한통운의 인수에도 남다른 공을 들였다. 몇 년 전부터 금호아시아나는 대한통운 인수준비팀을 구성하고 이 프로젝트를 '다윈(Darwin) 코드'로 명명했다. 말할 것도 없이 진화론을 주창한 찰스 다윈의 이름을 차용한 것으로, 대한통운을 인수하여 그룹을 한 단계 더 진화시키겠다는 박삼구 회장의 의지가 녹아 있는 작명이다.

2008년 1월, 대한통운 인수전에 뛰어든 금호아시아나는 4조 원이 넘는 금액을 제시하고 최종 낙찰을 받았다. 광주고속에서 출발하여 항공사로까지 비약적인 발전을 거듭해온 금호아시아나그룹은 이제 대한통운을 인수함으로써 세계적인 운송회사로 한 단계 더 진화할 수 있는 발판을 마련한 것이다.

구글(Google)–유튜브(Youtube)

2006년 10월 9일, 구글이 주식 맞교환 방식으로 16억 5,000만 달러(약 1조 6,000억 원)에 유튜브를 인수한다는 소식이 전 세계로 전해졌다. 설립 이후 끊임없이 중소 벤처기업들을 인수합병하며 기업 규모와 시장 지배력을 키워왔던 구글로서도 역대 최대 규모의 M&A였다. 유튜브는 미국에서만 매달 3,400만 명이 방문하여 매일 1억 개의 비디오를 조회하고 매일 65,000개의 새로운 동영상을 업로드하는, 접속자 수로만 본다면 야후에 이어 세계 2위가 되는 세계 최대의 UCC 공유업체다. 하지만 정직원이 69명에 불과한 소규모 벤처로서 구글의 파격적인 결단에 대한 업계의 평가는 양극단으로 갈렸다. 어쨌든 검색 부문 부동의 1위임에도 기타 인터넷서비스 분야에서는 고전을 면치 못하던 구글이 이로써 인터넷 엔터테인먼트 분야에서도 주도적인 업체로 부상할 수 있는 전기가 마련되었다. 특히 이번 M&A에 결정적인 역할을 한 유튜브의 최고재무담당자(CFO)가 재미동포 유기돈 씨인 것으로 알려져 국내에서 더욱 화제가 되기도 했다.

아르셀로-미탈

세계 최고의 철강기업이자 인도에서 가장 성공한 기업 중 하나로 꼽히는 미탈스틸은 1989년 설립 이후 16년 동안 기업 규모를 무려 295배나 늘려왔다. 하지만 미탈은 정작 제철소 한 번 지어본 경험이 없는 기업이다. 사업 초기부터 락시미 회장의 적극적인 지원 하에 사내 M&A전문팀을 운영하며 인수합병 전문가들을 키워왔던 미탈은 설립 초기에는 주로 개발도상국의 부실기업들을 싼값에 인수하며 덩치를 키우기 시작했다. 이에 대해 당시 「비즈니스위크」는 "미탈스틸의 락시미 회장은 폐품을 보석으로 변모시키는 재주가 있다"고 평한 바 있다. 그러나 2004년부터 철광석의 가격 불안과 중국 철강업계의 추격이 두드러지자 미탈은 '우량 기업 중심의 적대적 M&A' 쪽으로 전략을 수정하게 된다. 이러한 M&A 전략은 2006년 세계 조강 생산 2위 기업인 프랑스의 아르셀로를 적대적으로 인수 합병함으로써 절정에 달했다. 이로써 미탈은 세계 조강 생산 10%를 담당하는 세계 1위의 철강기업이 되었지만 락시미 회장은 "세계 철강시장 20%를 차지할 때까지 M&A는 계속된다"고 공언하고 있는 상황이다. 한편 한국의 포스코는 2007년 5월, 150만 톤 규모의 생산설비를 추가함으로써 일본의 JEF스틸을 제치고 업계 2위인 신일본제철과 어깨를 나란히 하게 됐지만, 공교롭게도 같은 해 시장에 풀린 미탈스틸의 적대적 M&A설로 인해 적잖이 마음을 졸이기도 했다. 포스코는 지분구조상 외국인 비율이 60%가 넘고 백기사 노릇을 할 뚜렷한 국내 대주주가 없는 형편이다.

두바이포트월드(DP World)–P&O

2006년 3월, 아랍의 항만기업 두바이포트월드가 영국의 P&O를 인수합병했다. P&O는 세계 각국의 주요 항만 영업권을 가지고 있는 유서 깊은 기업이었다. 당시 P&O가 운영하고 있는 항만들 중에는 물론 미국의 항만들도 있었다. 당연히 '테러와의 전쟁'을 표방하며 한창 이라크전을 벌이고 있던 미국으로서는 도저히 두고 볼 수 없는 거래였다. 결국 미국의 상원의원들이 들고 일어나 타국 기업들 간의 M&A에 대한 거부권을 의결하는 초유의 사태가 벌어졌다. 세계 최강대국이자 최대 시장인 미국의 심기를 건드릴 수 없었던 두바이포트월드는 결국 뉴욕, 뉴저지 등 미국 내 6개 항만 운영권을 AIG에 매각한다는 조건으로 P&O의 인수 작업을 진행할 수밖에 없었다. 미국 의회는 이에 앞서 2005년에도 중국해양석유총공사(CNOOC)가 미국의 석유업체 유노칼(Unocal)을 130억 달러에 인수하려 하자 '에너지 안보'를 내세워 무산시킨 바 있다. 경제 전문가들은 이러한 사례들을 인도, 중국, 아랍, 아시아 등 이른바 신흥개발국가의 기업들도 이제는 얼마든지 서구 선진국의 대형 기업을 인수하거나 위협할 수 있다는 '세계 경제의 판도 변화'로 보고 있다.

굿바이 침팬지

금호아시아나-대한통운

2007년 말 본격적으로 불붙기 시작한 대한통운 인수전에는 금호아시아나 외에도 한진, 현대중공업, CJ, 농협, GS, STX 등 국내 굴지의 대기업들이 경쟁적으로 뛰어들었다. 대한통운은 항만하역, 육상운송, 택배사업, 3PL, 방대한 국내 및 해외 거점네트워크, 물류사업용 정보통신 노하우 등 물류사업에 필요한 모든 것을 갖추고 있는 대형 매물이었다. "누가 먹어도 1등"이라는 말이 나돌 정도로 대한통운을 누가 차지하느냐에 따라 순식간에 재계 순위가 뒤바뀔 수도 있는 상황이었으므로 특히 운송 · 물류업계의 숙명적인 라이벌인 한진과 금호의 기 싸움은 뜨거울 수밖에 없었다. 그러나 한진의 경우 기존의 물류 부문과 사업 성격이 겹쳐 큰 시너지 효과를 기대할 수 없다는 약점이 있었고, 금호의 경우 대우건설 인수 이후 자금 사정이 좋지 않다는 약점이 있었다. 무조건 최고가로 낙찰되는 경매입찰 방식이 아니라 파산법정의 선고로 승자가 가려지는 방식이었기 때문에 입찰금액 외에도 공익성과 비전 역시 중요한 변수였다. 결국 2008년 1월, 금호가 최종 트로피를 차지했다. 법원은 인수대금의 규모뿐만 아니라 인수 후 경영비전 및 글로벌 시너지 효과, 고용승계 및 안정성 등 '비가격 부문'을 상당 부분 고려한 것으로 알려졌다.

비즈니스의 진화 법칙 : 자연선택설

시장은 자신에게 적합한 상품과 서비스에 의해 진화한다

진화론의 핵심 개념 중 하나가 '자연선택설'이다. 다윈은 "인간은 자신의 이익을 위해 선택하고, 자연은 자신이 돌보는 생물의 이익을 위해 선택한다"고 주장했다. 이 말을 경제와 시장의 원리로 바꾸면 "시장은 자신에 적합한 상품과 서비스에 의해 진화한다"고 할 수 있다. 베트남은 농업에 기반을 둔 가난한 사회주의국가였지만 개혁개방 프로그램에 의해 산업국가로 다시 태어나고 있다. 경제 기반도 벼농사나 광업 등 1차산업에서 점차 조립 생산업 쪽으로 옮겨가고 있다. 베트남보다 조금 더 일찍 개혁개방을 추진했던 중국은 이미 조립 생산이나 복제품 생산 수준을 벗어나 점차 자체 개발 산업 쪽으로 발전해가고 있는 중이다. 또한 중국보다 한발 앞서 기술 산업을 육성해온 한국의 경우에는 복제 조립 산업이 거의 사라지고 자체 개발 산업이 경제의 주축이 되고 있다. 산업 유형도 점차 고기술 산업으로 진화하고 있다.

생활필수품이나 내구소비재 제조업은 기술이 단순하고 변화도 많지 않기 때문에 상대적으로 복제산업이 성행할 수밖에 없고 기술적으로 쉽게 정체되는 경향이 있다. 반면에 기호품 제조업이나 고기술 산업 분야는 기술 변화가 빠르고 가격의 변동도 크므로 진화의 속도가 빠른 편이다. 따라서 이러한 분야에서는 창의적인 아이디어에 의한 새로운 제품의 출현이 잦을 수밖에 없다. 물론 동일한 산업군에서 시작하더라도 전통적인 상품이나 서비스에 머무르는 분야가 있는가 하면 전혀 새로운 비즈니스 모델로 진화하는 경우도 있다.

정도의 차이는 있지만 모든 비즈니스는 진화한다. 그리고 한 국가의 산업 유형도 진화한다. 오늘날 한국은 비즈니스 진화의 예민한 분기점에 위치해 있다. 은행의 경우 전통적인 여수신 업무에서 벗어나 프라이빗 뱅킹(PB), 방카슈랑스, 글로벌펀드 운용 등 진화를 거듭하고 있다. TV는 전통적인 상자형 브라운관을 벗어나 액정, 평면, HD 등 고부가가치 형태로 진화하고 있다. 자동차는 럭셔리카나 하이브리드카로 진화하고 있다. 조선업도 벌크선 제조에서 LNG선이나 유람선 같은 고부가가치 선박의 형태로 진화하고 있다.

산업 진화의 초기 단계인 농축산물, 자원, 생필품 같은 단순 소비재 업종은 가격과 공급력이 곧 경쟁력이므로 개발도상국가도 쉽게 진입할 수 있다. 반면에 고부가가치 산업, 고기술 산업은 무엇보다 창조력과 기술력이 밑받침되어야 하는 선진국형 산업이라 할 수 있다. 모방 복제 산업으로 근대화를 이룩한 한국은 이제 고기술, 고부가가치의 선진국형 산업 분야에서 성장 동력을 찾아야 한다.

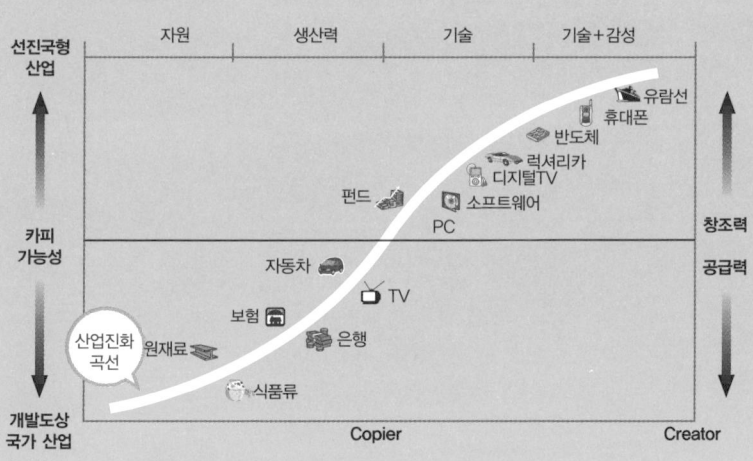

비즈니스 진화곡선

2장

경영전략도
진화한다

모방 경제 시대의 종언

1980년대까지만 해도 한국은 거의 대부분의 산업 분야에서 일본을 그대로 따라했다. 제조업은 말할 것도 없고 서비스업, 유통업, 엔터테인먼트 분야에 이르기까지 일본에 있는 것이라면 무조건 국내에 들여왔다. 경영 기법도 마찬가지였다. 오늘날 한국을 대표하는 기업 삼성의 이건희 전 회장은 초등학교 5학년 때부터 이병철 선대 회장의 명령으로 일본 유학을 했을 정도였다. 그만큼 일본의 품질관리, 생산관리 기법은 한국 기업들의 모델이었고, 또 실제로도 통했다. 그러다보니 한국 기업의 경영자나 기술자들도 점차 일본 방식에 익숙해져갔다. 그러나 아킬레스와 거북이의 관계처럼 모방은 오리지낼리티에 근접할 수 있을지 몰라도 결코 능가할 수는 없는 법이다.

1980년대 들어 삼성, 현대, LG 등 국내 주요기업들의 창업주들이 경영 일선에서 물러나고 이른바 '2세 경영'이 시작되었다. 국내 주요 기업들의 창업주들은 일본에서 제품이나 기술을 들여와 사업을 했고 일본식 경영 방식을 고수했다. 그러나 2세들은 대부분 미국에서 교육을 받고 영어에 능통한 세대였기에 세계경제의 트렌드가 미국에 있다는 것을 간파하고 미국과의 사업을 확대해나갔다.

국내 기업들은 4천만 명 규모의 내수시장 덕분에 신제품을 테스트하고 설비투자를 할 수 있었다. 이렇듯 안정적인 내수시장을 바탕으로 한국이 고속 성장을 거듭하고 있던 1980년대에도 여전히 전자, 기계, 선박 등 고기술·고부가가치 산업에서는 일본이 우위에 있었다. 하지만 한국전쟁 이후 미국의 지원 아래 이미 고속 성장을 경험했던 일본 기업들은 그 무렵 성공에 도취되어 새로운 도전을 하지 않고 있었다. 하지만 삼성, LG, 현대 등 한국 주요 기업들은 이 무렵부터 과감한 변신과 도전을 시작했다. 반도체 분야에서는 과감한 R&D와 설비투자로 일본보다 한 단계 앞선 기술을 개발하는 데 성공했고, 일본이 주저하고 있는 틈을 타 평면TV 분야에서도 발 빠르게 생산체제를 갖추었다. 이동통신과 휴대폰 분야에서도 일본 기업들은 1억 명의 국내시장에 자족하고 독자적인 방식을 고집하고 있었다. 반면에 한국 기업들은 이동통신 분야에 처음 뛰어들 때부터 글로벌 스탠더드 기술에 도전하여 국내시장과 해외시장을 동시에 개척해나가기 시작했다.

오늘날 세계시장은 디지털 산업만큼은 한국이 일본보다 앞선 기술력과 경쟁력을 갖추고 있다고 평가하고 있다. 아날로그 시대에는 모든 분야에서 일본에 뒤지던 한국이 디지털 시대를 맞이하여 부분적으로나마 일본을 앞서기 시작한 것이다. 이는 한국이 일본보다 빨리 변화를 시도했기 때문이다. 반도체, 평면TV, PDP, LCD, 이동통신, 휴대폰, 인터넷 등의 IT 분야에서 일본이 잠시 변화의 흐름을 놓치고 있을 때 한국 기업들은 기회를 놓치지 않고 진화의 중심축을 향해 과감히 뛰어들었다. IT 분야에서만이 아니라 조선, 철강 등 중공업 분야에서도 한국은 한 박자 빠른 변화를 통해 일본을 추월할 수 있었다.

마이클 포터의 경고

1990년대 말, 어느 날 갑자기 한국에 외환위기가 들이닥쳤다. 불과 1~2년 전까지만 해도 한국 경제는 아무런 문제가 없어 보였다. 막상 IMF체제가 시작되니 겉보기에는 멀쩡했던 기업들이 앙상한 뼈대를 드러내며 속속 쓰러지기 시작했다. 화려한 성장곡선의 그림자 속에 숨어 있던 심각한 구조적 모순을 보지 못한 것이다. 수치가 경제의 모든 것을 설명해주지는 않는다.

10년이 지난 지금은 어떨까? 허우대만 멀쩡했던 부실기업들은 대부분 도태되었으나 재기의 여지가 있었던 기업들은 혹독한 구조조정과 뼈를 깎는 리엔지니어링을 통해 재도약을 준비하고 있다. 하지만 아직 위기는 끝나지 않았다. 오랜 세월 양적 성장에만 골몰해왔던 한국 기업들은 여전히 질적 측면에서 허약하기 짝이 없다. 특히 창의력 부재가 심각하다.

IMF 관리체제를 겪고 난 이후 한국 기업들의 재무구조는 대폭 개선되었지만 미래에 대한 전망은 그리 밝지 않다. 기업들은 이렇다 할 새로운 성장 동력을 발견하지 못하고 있으며 미래 산업에 대한 대책마저 부족하여 한 치 앞도 예측하기 어렵다. 기존의 비즈니스와 상품으로 겨우 현상유지만 하고 있을 뿐 급변하는 글로벌 경제 환경 속에서 여전히 갈피를 잡지 못하고 이리저리 흔들리고 있는 형편이다. 고유가, 고물가, 고환율 상황에서 원가 요인은 나날이 급등하는데 경쟁의 심화로 단가는 오히려 낮추어야 하는 모순적 상황에 직면해 있는 것이다.

　이러한 구조적 모순은 어느 한두 업종에 국한된 것이 아니라 거의 모든 업종에 영향을 미치고 있다. 이 위기를 돌파하려면 무엇보다 창의력과 열정이 있어야 하지만, 지금의 한국 기업들은 창의력도 없고 열정도 식어 있는 상태다.

　2006년 말 서울에서 개최된 세계지식포럼에서 하버드 대학의 마이클 포터 교수는 바로 이러한 문제점을 지적했다.

　"한국 기업들은 더이상 덩치 키우기와 경쟁사 모방 전략만으로는 성공할 수 없다. 한국 기업에는 창조적 전략이 없다. 이제부터라도 창조적 전략을 수립해서 경쟁 국가나 경쟁사와는 다른 차별화된 가치를 창조해야 한다."

　현대 경영학의 입안자로 평가받는 세계적인 석학의 경종에도 불구하고 한국 기업들이 아직도 과거의 모방 전략을 완전히 탈피하지 못하고 있는 건 왜일까? 외환위기 시절에는 달러의 고갈과 그로 인한 위험이 당장 눈에 보였기 때문에 다른 어떤 일보다도 재무 건전화와 조직 혁신 등의 변화를 꾀할 수밖에 없었다. 하지만 창의 력의 부재나 고갈은 눈에 보이지 않는다. 정말 치명적인 위협은 눈에 보이지 않는 법이다.

외환위기 시절 못지않게 많은 한국 기업들이 도산하고 있다. 대부분 과거의 제품이나 경영 방식에서 벗어나지 못한 기업들이다. 내수시장이라는 구멍 난 온실 속에서 경기 회복이라는 햇볕만 기다리다 추위에 얼어 죽는 것이다. 이제는 새로운 아이디어로 새로운 가치를 개발해야 한다. 아울러 새로운 시장과 고객을 찾아 전 세계로 뛰어나가야 할 때다.

GE의 신형 엔진
'상상력 돌파 프로그램'

GE는 발명왕 에디슨이 1878년 설립한 전기조명회사가 기원으로 현재는 세계 최대의 가전업체이자 금융 기업으로 군림하고 있다. 그런 GE도 거대한 규모에서 비롯된 관료주의와 무사안일주의로 한때 심각한 위기를 겪어야 했다. 이를 극복한 것이 바로 잭 웰치다. 그는 부진한 사업과 'C등급 성과자'들을 정리하는 공격적인 구조조정으로 결국 GE를 위기에서 구하고 '세계 최고'라는 브랜드를 탈환한다. * 부활에 성공한 GE를 한층 미래지향적으로 업그레이드시키고 있는 이는 후임 회장 제프리 이멜트다. 2001년 9월 GE의 9대 회장으로 취임한 그는 투자자들에게 "GE는 시간을 두고 성과를 내는 지도자를 높이 평가한다. 따라서 단기적 성과 혹은 장기적 성과에 대해 크게 논쟁하지 않는다"는 내용의 서한을 보냈다. 잭 웰치 시대의 종언을 고하고 미래의 비전에 주목하겠다는 의지 표명이었다.

이멜트 회장의 이러한 경영 철학은 '상상력 돌파(Imagination Breakthrough) 프로그램'으로 현실화되고 있다. 그는 '상상력 돌파'라는 성장 전략을 제시하고, GE의 모든 경영진에게 매년 세 차례 새로운 아이디어를 제안해줄 것을 요구했다. 고객이 원하는 혁신적으로 상상하고, 이렇게 상상한 것들을 실제 사업으로 현실화한다는 전략이다. 현재 GE가 자원을 집중하고 있는 담수 처리, 에어로스페이스, 헬스케어 등의 신수종사업들은 모두 이 프로그램의 산물이다.

스몰 S-커브와 빅 S-커브

신문의 북 섹션을 보면 매주 수많은 책들이 쏟아져 나오고 있음을 알 수 있다. 물론 신문에 소개되는 책들은 신간의 일부일 뿐 그보다 훨씬 많은 책들이 매일 세상에 나오고 있다. 그 중에서 새로운 베스트셀러가 나올 것이다. 베스트셀러에 대한 기대와 꿈은 오늘도 수많은 책들을 만들게 하고 있다. 하지만 영원한 베스트셀러는 없다. 대개 베스트셀러의 판매량은 처음 출고되어 서서히 상승하다가 마케팅과 입소문에 따라 어느 순간 급속히 상승하고, 이후 어느 순간부터는 상승세가 주춤해지다가 결국은 하락세로 제 운명을 다하게 된다. S형의 곡선을 그리는 생명주기를 갖는 것이다.

특히 처음으로 베스트셀러를 배출한 출판사는 판매량을 더욱 끌어올리려고 광고를 대폭 확대하거나 인력을 충원하고 사무실을 확장하기도 한다. 이렇게 작은 성공에 도취되어 그동안 절제해왔던

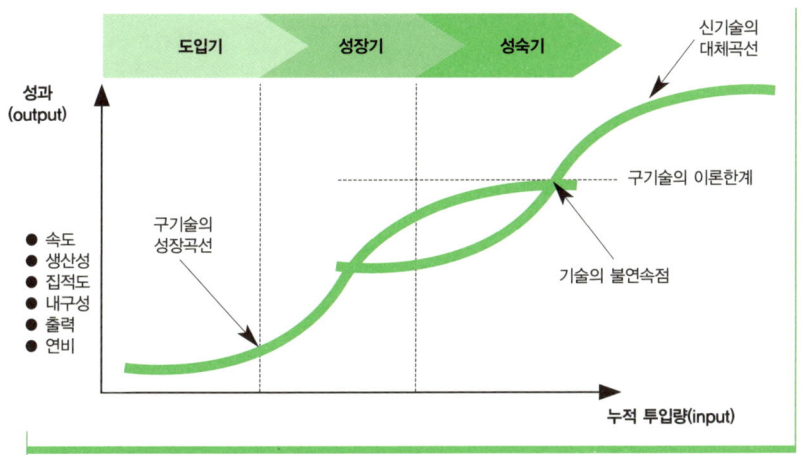

비용 지출을 늘리고 섣불리 성공을 자축하는 것은 실패로 끝날 확률이 높다. S-커브의 중반까지만 해도 마냥 판매가 늘어날 것 같지만, 어떤 베스트셀러라도 어느 정도 시간이 지나면 매출이 정체되거나 급락하기 마련이다. 이때 이미 규모를 잔뜩 키워놓았다면 늘어난 비용과 급락하는 매출 때문에 버틸 수가 없게 된다. 그래서 한때 한국의 출판가에는 '출판사가 사옥을 지으면 망한다'는 징크스가 있었다.

　기업이 하나의 S-커브와 운명을 같이해서는 안 된다. 하나의 S-커브를 만드는 일도 물론 중요하지만, 그보다 더 중요한 것은 하나의 S-커브가 운명을 다하기 전에 또다른 S-커브를 만들어 빅(Big) S-커브를 만드는 것이다. 과거의 S-커브가 하락세로 돌아서기 전에 새로운 S-커브를 잇대면 큰 S-커브가 유지된다.

기업에서 어떠한 기술이나 제품을 개발하려면 최소 1~2년 이상이 소요된다. 따라서 한 제품이 시장에 나가는 시점에 이미 새로운 제품의 개발에 들어가 있어야 한다. 또한 기술 개발이나 제품 개발이 언제나 성공하는 것도 아니고, 계획된 시간 내에 개발이 완료되지 않을 수도 있으며, 예정대로 개발에 성공했다 해도 시장에서 늘 환영받는다는 보장도 없다. 따라서 한 분야에서 3~4가지 이상의 프로젝트들이 동시에 진행되어야 한다. 이렇듯 선행 개발에 의한 복수 프로젝트가 진행되어 진입시점과 철수시점을 잘 맞출 수 있어야만 기업이 원하는 빅 S-커브를 만들 수 있다.

굿바이 침팬지

카피어 vs. 카피어

일본의 도쿄는 서울과 그 느낌이 너무 비슷하다. 백화점이나 슈퍼마켓에 가보면 한국의 백화점, 슈퍼마켓과 거의 똑같다는 것을 알 수 있다. 특히 편의점에 가보면 진열된 상품까지 한국과 흡사하다. 상품의 이름도 비슷하고 포장지의 디자인도 똑같은데 제조자 이름만 다른 경우가 많다.

여러 번 언급했지만 한국의 산업구조, 산업기술, 경영 방식은 일본과 너무 흡사하다. 한국의 기업인들이 마음에 드는 일본 제품을 발견하면 곧바로 그 부품을 사다가 조립해서 국내시장에 팔았기 때문이다. 한국 정부는 내수시장 보호를 위해 오랫동안 완제품 수입을 막았고, 일본에서는 부품이라도 팔아볼 요량으로 간단한 기술을 제공해왔다. 특히 한국의 전자, 기계류 제품들은 대부분 일본의 회로를 기반으로 만들었기 때문에 그 부품이 일제일 수밖에 없었다. 이런 방식으로 한국 기업들은 손쉽게 자사 브랜드의 제품을 만들어 안정된 내수시장을 발판으로 한동안 고속 성장을 구가할 수 있었다. 그러다보니 오히려 일부 경공업 제품들은 일본 제품보다 더 싸고 빠르게 만들 수 있었다. 값싸고 근면한 노동력과 원천기술 없는 단순 조립 기술만으로 만들어낸 한국 제품들은 세계시장에서도 가격 경쟁력을 갖게 되어 '수출입국'의 원대한 꿈을 현실로 이뤄냈다.

그러나 한국의 '제2의 일본' 전략은 이제 중국이라는 신흥공업국의 등장으로 막을 내리고 있다. 개혁개방 이후 중국은 자본주의 시스템을 받아들이면서 과거에 한국이 써왔던 전략을 그대로 답습하고 있다. 오늘날 중국 기업들은 한국 기업들이 진출해 있는 거의 모든 산업 분야에서 똑같은 제품을 초저가에 양산해내고 있다. 한국이 일본의 카피어(copier)였던 것처럼, 오늘날의 중국은 한국의 카피어로 한국 경제의 위상을 위협하고 있는 것이다.

하지만 지금의 한-중 산업관계는 20년 전 한-일 산업관계와 양상이 완전히 다르다. 한국이 일본의 카피어일 때는 한국과 일본의 기술 격차가 너무 커서 한국이 일본을 따라잡는 것은 거의 불가능한 상태였다. 또한 한국이 일본 제품을 값싸게 카피한다고 해도 정작 일본 시장에는 들어갈 수 없는 상황이었다. 따라서 일본도 한국에 낮은 수준의 기술을 일부 제공하고 부품을 팔아먹는 전략을 유지할 수 있었다.

대부분의 산업 분야에서 한국 제품들은 아직도 원천기술이 취약하다. 그런 한국 제품들을 중국이 모방했을 경우 기술 수준은 별반 차이가 없다. 게다가 중국의 초저임금 수준에 비해 오늘날 한국의 노동력은 세계적으로 비싼 축에 속한다. 또한 중국은 카피 제품의 대부분을 내수시장이 아니라 해외시장으로 내보내고 있다. 이런 방식으로 세계시장에서 한국 제품을 대체하고 있을 뿐만 아니라 심지어 한국 시장에까지 침투하여 가뜩이나 고유가, 고물가, 고환율이라는 삼중고에 시달리고 있는 한국의 중소기업들을 줄줄이 도산시키고 있다.

　중국은 '지구의 생산 공장'이 되어 이미 전 세계 TV생산량의 40%, 에어컨의 50%, 휴대폰의 40%, 오토바이의 50% 이상을 생산해내고 있다. 카피어는 또다른 카피어의 도전을 막을 수 없다.

리니지와 세컨드라이프

IMF 외환위기를 넘기자 기존의 한국경제를 지탱해온 제조업이 졸지에 '굴뚝산업'으로 치부되면서 인터넷과 IT 분야로 돈과 사람들이 몰려들기 시작했다. 정부도 마치 위기 극복의 유일한 대안인 양 IT 산업을 적극 지원했다. 세계 어느 나라에서보다 뜨거운 인터넷 붐이 불었고, 벤처기업들뿐 아니라 IT 분야와는 전혀 상관없는 전통 기업들까지 속속 인터넷 사업에 뛰어들며 수십조 원의 자금을 쏟아부었다. 모두들 한국의 인터넷 기업들이 머지않아 세계시장을 석권할 것으로 믿었다.

원래 한국의 IT 비즈니스는 대부분 미국 기업들의 모방 모델에 불과했다. 따라서 한국의 IT 기업들, 특히 인터넷 기업들은 미국의 닷컴 버블이 꺼지자 함께 무너질 수밖에 없었다. 미국은 전체 경제 규모에서 인터넷 비즈니스가 차지하고 있는 비중이 별로 크지 않아 버블 붕괴에 따른 영향도 치명적인 수준은 아니었다. 반면에 한국의 버블 붕괴는 국가 경제에 실로 치명적이었다. 시중의 유동성 자금이 몽땅 IT 분야에 집중되어 있는 상황이었기 때문이다.

한국 IT 업계에서 그나마 살아남은 분야가 이동통신과 온라인게임 분야였다. 시대의 트렌드에 따라 이동통신 시장은 국내외적으로 확장 추세에 있었고, 다행히도 국내 이동통신업체들은 어느 정도 가격과 기술 면에서 국제 경쟁력을 갖추고 있었다. 또한 국내에는 스타크래프트로 잘 훈련된 프로게이머 세대와 PC방 세대가 탄탄한 내수시장을 형성하고 있었기에 버블 붕괴의 재앙 속에서도 한국의 온라인게임들은 살아남을 수 있었다.

탄탄한 내수시장 덕분에 손쉽게 손익분기를 달성한 한국의 온라인게임들은 나아가 중국으로 진출하여 고속 성장을 거듭하였다. 그러나 한국 게임을 서비스하며 기술과 영업 노하우를 배운 중국의 게임업체들이 자체 개발한 게임들을 속속 출시하자 상황이 역전되기 시작했다. 한국의 온라인게임 업계는 2006년, 2007년에 흥행작을 단 하나도 내지 못했으며 동시접속자 규모는 매년 감소 추세에 있다. 반면에 2007년 중국의 거인네트워크가 출시한 〈정도온라인〉은 현지에서만 자그마치 153만 명이라는 초유의 동시접속자수를 기록했다. 중국의 완미시공이 개발한 〈완미세계〉가 국내 게이머들에게 인기를 끄는 역습 현상도 벌어졌다. 현재 국내의 게임 유통업체들은 값싸고 질 좋은 중국 게임의 수입을 위해 100억 원 이상을 들이고 있다. 국내 업체들도 100억 원 이상을 들인 신작 게임들을 꾸준히 발표하고 있지만 여전히 이렇다 할 킬러 콘텐츠를 내놓지 못하고 있다. 엎친 데 덮친 격으로 2006년의 '바다이야기 사태' 이후로는 게임 산업에 대한 규제가 대폭 늘어나고 투자도 아예 끊겨버린 상황이다.

한때 '세계 최고'를 자부하던 한국의 온라인게임은 이제 중국 게임의 역습을 막기에 급급한 초라한 입지를 유지하고 있을 뿐이다. 어째서 이런 일이 일어났을까? 한국의 게임은 크게 두 가지 면에서 심각한 한계를 지니고 있다. 3D그래픽과 서비스 안정성은 세계 최고 수준이라 할 만하지만 시나리오와 아키텍처, 인터페이스 면에서는 미국의 게임들처럼 창의적이지 못하다. 또한 거대한 IT 시장이자 신흥 IT 강국으로 부상하고 있는 중국의 게임들에 비해 충분한 가격 경쟁력을 갖추고 있지도 못하다.

한국 인터넷 게임의 대표주자라고 할 수 있는 리니지의 유저들은 한결같이 '앵벌이'라는 자조적인 용어를 사용한다. 사이버머니를 모으고 레벨 업을 하기 위해 단순한 전투와 사냥을 끝없이 반복해야 한다는 의미다. 이는 게임 아키텍처의 자유도, 즉 창의성에 심각한 문제가 있음을 시사한다. 그에 비해 2003년 미국의 린든랩이 내놓은 '세컨드라이프'는 단순한 '게임'이라는 설정을 넘어 사이버공간 안에 또 하나의 '세계'와 '생활'을 만들어내는 데 성공했다는 평가다. 또한 가상세계와 현실세계의 경제 시스템을 성공적

가상세계와 현실세계의 경제 시스템을 성공적으로 연결한 세컨드라이프

으로 연결함으로써 전 세계 유저들에게 새로운 사업기회를 제공하고 있다.

2007년 미국의 대선주자 힐러리 클린턴과 존 에드워드, 프랑스의 대선주자 세골렌 루아얄 등은 세컨드라이프의 가상세계 내에 선거사무실을 열었다. 스웨덴은 최근 세컨드라이프 내에 사이버대사관을 열었다. 소니는 세컨드라이프에서 음반가게를 운영하고 있으며, 아디다스, 도요타, 닛산, 선마이크로시스템즈, 리복 등도 이곳에 사이버 지점을 오픈했다. 델컴퓨터는 이곳에서 PC의 주문을 받고 있으며, 영국계 통신기업 보다폰은 세컨드라이프 주민들에게 곧 사이버 핸드폰을 보급할 계획이다. IBM의 직원 300명은 현재 이곳에서 일상 업무를 하고 있다. 로이터통신은 세컨드라이프 내의 뉴스만 전담 취재하는 통신원을 두고 있다. 이곳에서 부동산 개발업을 하고 있는 '안시 청'이란 캐릭터의 자산가치는 현재 100만 달러를 넘어섰다.

IT 산업은 미래 산업이다. 그러나 세계 최고의 기술력을 갖고 있다 하더라도 고객을 사로잡을 수 있는 창의성이 없으면 그 기술을 제대로 써먹을 수 없게 된다. 창의성이 없는 한 IT 산업은 미래 산업이 아니다.

사요나라 도요타

경제경영 전문가들에게 세계 최고의 기업을 꼽으라면 미국에서는 GE를, 일본에서는 도요타를 많이 꼽는다. 모든 업무를 눈에 보이는 간판 형태로 관리하며 비효율 요소를 없앤다는 '간판 방식', 불필요한 요소들을 제거함으로써 최대한의 가치를 창조한다는 TPS(Toyota Production System) 등 이른바 '도요타 방식'은 현대 경영의 한 성공 사례로 인정받고 있다. 국내 제조업체들도 도요타를 열심히 벤치마킹하여 품질 개선과 생산 혁신을 이룬 사례가 많다.

지난 10년 동안 도요타 방식을 열심히 따라한 한국 기업들의 현재 경영 상황은 어떨까? 분명히 과거보다는 생산성도 좋아졌고 품질도 개선되었지만 이상하게도 경영 상황은 별로 나아지지 않은 기업들이 많다. 매년 생산성이 오르고 불량률도 줄여 몇 십억 원의 비용 절감 효과를 누리고 있음에도 10년 전과 비교하여 매출은 별 변화가 없거나 오히려 줄어들기까지 하는 것이다.

도요타는 효과가 있었다는데 왜 우리는 효과가 없을까? 그것은 도요타의 사례가 특수한 것이기 때문이다. 1950년대에 만들어진 도요타 방식은 1910년에 테일러가 주창한 과학적 관리법에 일본의 장인정신을 접목시킨 특수한 생산 방식이다. 이러한 생산 방식은 기술 변화가 거의 없고 진입장벽이 매우 높은 자동차 분야에서 효과가 있을 뿐 변화가 매우 빠르고 진입장벽이 낮은 산업 분야에서도 동일한 효과를 낼 수 있는 방식은 아니다. 도요타는 자동차 산업 초기에 내수시장이 보장되고 한국전쟁 등으로 해외시장이 확대되는 상황에서 생산성 향상만으로도 고속 성장할 수 있었다. 그러나 최근 20~30년 내에 설립된 일본의 자동차 업체가 도요타와 같은 방식을 쓴다고 해서 과연 동일한 효과를 얻을 수 있을까?

도요타 방식의 기본은 '카이젠(改善)'이다. 기존의 프로세스에서 낭비 요소를 반복적으로 제거하여 점진적으로 개선하는 것이다. 상품과 시장의 변화가 없다면 몇 년, 몇 십 년 카이젠을 반복함으로써 누적적으로 100% 이상의 생산성 향상도 이룰 수 있을 것이다. 그러나 기술의 변화가 빠르고, 제품 수명이 짧고, 시장 수요가 급변하는 환경 속에서 이러한 반복적이고 점진적인 개선은 큰 효과를 보기 어렵다.

한국의 산업구조는 기계공업보다는 경공업이 많은 형태다. 특히 최근에는 IT 등 기술 변화가 빠른 업종이 근간을 이루는 방식으로 진화하고 있는 중이다. 오늘날의 경공업이나 IT 업종은 이미 확보된 시장 안에서 품질을 개선하고 생산성을 올리면 무조건 매출과 이익이 늘어나는 형태가 아니다. 지배적인 사업자가 안정적으로 기득권을 보장받는 형태가 아니라 늘 2인자, 3인자의 입장에서 새롭게 도전하며 끊임없는 혁신과 혁명으로 남들이 못 만드는 것을 만들어내야만 살아남을 수 있는 무한 경쟁 환경인 것이다. 이런 상황이라면 도요타가 아니라 혼다를 벤치마킹하는 편이 훨씬 유리하지 않을까?

원래 오토바이를 만들던 혼다는 뒤늦게 자동차 산업으로 진입한 경우다. 일본의 내수시장 안에서도 하위권에 속했지만 지금은 닛산을 추월하여 일본 자동차 업계의 2인자가 되었다. 자동차 업계에서 혼다는 후발 주자였으므로 도요타 방식의 '점진적 개선'으로는 결코 선발 주자들을 따라잡을 수 없었다. 혼다는 개선이 아닌 혁신을 통해 새로운 콘셉트의 자동차를 개발하고 미국 시장에도 적극적으로 진출하는 전략을 폈다.

혼다는 기존의 오토바이 시장에서도 과감하게 전략을 수정하여 최근 중국 시장에서 제2의 전성기를 구가하고 있다. 아직까지 중국은 자동차 시장보다 오토바이 시장이 훨씬 크다. 일찍이 1980년대 초 중국에 진출한 혼다는 좋은 기술력과 브랜드 이미지를 무기로 초기부터 20% 이상의 시장을 차지했다. 그러나 오토바이 기술은 진입장벽이 그리 높은 분야가 아니므로 이내 저가의 중국산 짝통 제품과 복제 부품들이 등장하기 시작했다. 결국 중국에서 혼다 오토바이의 시장점유율은 3% 안팎으로 급감, 중국 시장에서 철수를 고려해야 하는 위기를 맞게 되었다. 이러한 심각한 위기 상황에서 10~20%의 가격 경쟁력 개선으로 과연 문제가 해결될 수 있을까?

혼다는 과감하게 중국의 짝통 업체들과 합작 및 기술 제휴를 하여 기존 모델의 절반 가격에 새로운 오토바이를 만들어내는 데 성공했다. 이러한 사례는 고급 중대형 외국산과 중국산 저가 오토바이 공세에 밀려 1997년 30만 대에서 2007년 10만 대 수준으로 시장이 급격히 축소된 한국의 오토바이 업계에도 많은 시사점을 던져주고 있다.

Kaisen vs.
Dream

오랫동안 전 세계의 수많은 기업들이 벤치마킹하며 배우고 싶어했던 '일본식 경영'의 모델은 단연 도요타였다. 도요타를 대표하는 키워드는 카이젠, 즉 개선(改善)이다. 도요타의 '카이젠 방식'은 철저한 비용 절감과 치밀한 프로세스 관리, 아무리 사소한 개선사항이라도 간과하지 않고 누적 적용함으로써 궁극적으로 한 치의 오차와 단 하나의 불량도 허용하지 않는다는 철저한 품질 경영을 상징한다. 한국의 삼성이 흔히 '관리의 삼성'으로 지칭되곤 하는 것도 선대 이병철 회장이 도요타 방식을 적극적으로 도입한 데서 그 기원을 찾을 수 있다.

2007년 일본의 도요타는 자동차 생산 대수 및 매출액에서 세계 1위를 차지했다. 무려 76년 동안이나 세계 자동차 시장에서 부동의 1위였던 미국의 제너럴모터스(GM)를 마침내 누른 것이다. 그런데 이런 도요타가 가장 두려워하고 부러워하는 기업은 역시 일본 기업인 혼다라고 한다. 세계 자동차 업계의 1인자 도요타가 매출액이 절반 규모밖에 안 되는 혼다를 진정한 라이벌, 반드시 넘어야 할 상대로 여기고 있다는 것이다.

1948년 오토바이 사업을 시작하고 1962년 자동차 사업에 진출한 혼다 역시 도요타 못지않은 역사와 전통을 가지고 있는 기업이지만, 기업 이미지와 문화는 도요타에 비해 상대적으로 젊고 진취적이다. 2000년 인간형 로봇 아시모를 발표하는 등 휴머노이드의 상용화에 앞장서고 있으며 2006년에는 차세대 태양전지와 소형제트기 시장에까지 진출한 혼다를 대표하는 키워드는 '드림(dream)'이다. 혼다의 창업자인 혼다 소이치로는 "혼다의 목표는 인간의 자유로운 이동을 돕는 기기의 개발"이라고 밝힌 바 있다. 말하자면 오토바이나 자동차, 비행기를 넘어 '인류가 아직은 상상할 수 없는 그 무엇'까지 전제하고 있는 미래 지향 선언이라 할 수 있다.

이러한 젊고 진취적인 도전정신을 유지하기 위해 혼다는 실패한 프로젝트라 할지라도 그 원인을 찾아내면 책임을 묻는 대신 '실패상'을 주어 격려함으로써 새로운 도전에 대한 연구원들의 두려움을 아예 원천봉쇄하고 있다. 또한 직원들의 상상력과 창의력을 극대화하기 위해 사장(CEO)을 '씨(さん)'라고 부르는가 하면 사장실과 임원실을 건물 중간층에 두고 개방하는 등 수평적이고 자유로운 기업 문화를 유지하고 있다. 혼다에는 '와이가야(ワイガヤ) 토론'이라는 독특한 브레인스토밍 미팅이 있다. '와이가야'란 '와글와글' 정도로 해석할 수 있는 의성어로, 지위도 격식도 주제도 형식도 없이 그야말로 시끌벅적한 난상토론을 의미한다. 혼다의 원대한 꿈, 지칠 줄 모르는 도전정신, 금기 없는 창의성, 획기적인 아이디어들은 바로 이 '와이가야 문화'에서 나오고 있는 것이다.

혼다 소이치로는 이렇게 말한다.

"실패를 저지르지 않는 사람은 시키는 대로 하는 사람이다. 혼다는 그런 사람을 필요로 하지 않는다."

히딩크 신드롬과 단테 신드롬

1988년 서울올림픽을 기점으로 한국의 스포츠는 빠르게 세계화되었다. 이제는 서구의 어느 선진국 부럽지 않을 정도로 한국의 스포츠 선수들은 세계 최고 수준의 기량을 뽐내고 있다. 2002년 한일월드컵에서 4강의 영광을 맛본 이후 한국의 많은 축구선수들이 유럽의 명문 클럽에서 세계 최고의 선수들과 함께 뛰고 있으며, 야구에서는 박찬호, 이승엽 선수 등이 미국과 일본의 프로구단에서 활약하고 있다. 골프의 최경주 선수는 이미 세계 톱클래스의 반열에 올라 있으며, 수영에서는 박태환, 피겨스케이팅에서는 김연아 선수가 역시 국제무대에서 세계 최고 수준으로 인정받고 있다

국내 프로스포츠 분야에서도 외국인 선수들의 활약이 두드러지고 있는 추세다. 이미 프로야구, 프로축구, 프로농구 리그에는 소위 '용병' 이라 불리는 외국인 선수들이 상당수 진출해 있으며, 국

가대표 팀이나 프로스포츠 팀의 감독이나 스태프들 중에도 외국인 전문가들이 다수 활동하고 있다. 플레이오프 진출조차 늘 미지수였던 안양SBS(현 안양KT&G)가 2005년 15연승이라는 대기록을 달성하며 일약 프로리그의 다크호스로 부상할 수 있었던 것은 단테존스 덕분이었다. 이렇듯 외국인 용병들은 무엇보다 한국 스포츠의 국제 경쟁력을 높이는 데 중요한 역할을 담당하고 있다.

그에 비해 한국의 비즈니스 분야에서 활약하고 있는 외국인은 매우 드물다. 입으로는 너도나도 국제화, 글로벌화를 외치고 있지만 정작 외국계 비즈니스맨들의 국제 경험과 전문성을 적극적으로 활용하고 있는 기업은 거의 없다. 제조업의 현장에서 값싼 외국인 노동력을 이용할 궁리나 할 뿐이다. 외국인에게 경영이나 의사결정을 맡길 만큼 합리적인 경영 시스템을 갖추고 있는 기업이 드물고, 기업 문화 자체도 외국인을 쉽게 받아들일 만큼 개방적이지 못하기 때문이다. 이미 세계시장을 무대로 뛰고 있는 대기업들의 경우에도 사정은 마찬가지다.

한화그룹, GS그룹은 2007년까지 외국인 임원이 단 한 명도 없었다. 세계 최고의 기술력을 갖추고 있는 국내 조선업체들에도 외국인 임원은 전무하다. 철강업계인 포스코의 경우 계열사인 포스코건설과 포스데이타에 외국인 임원을 각각 한 명씩 두고 있다. 그나마 금융 분야에서는 해외의 선진 금융기법을 도입하기 위해 외국인 전문가 영입을 적극적으로 꾀하고 있다. 한국경제를 대표하는 삼성그룹의 경우에도 국내 사업장에 근무하는 외국인 임원은 3명에 불과하다. 삼성전자에 시장조사 담당 상무, 제일기획의 제작 담당(전무급), 호텔신라에 조리 담당 상무가 있을 뿐이다.

2007년 LG전자는 최고마케팅책임자(CMO)로 아일랜드 출신의 보든 부사장을, 그리고 최고구매책임자(CPO)로 미국 출신 린튼 부사장을 영입했다. 2008년에는 최고인사책임자(CHO)와 최고SCM책임자(CSCO)도 외국인 전문가로 영입하였다. 또한 앞으로 3년 내에 해외법인장의 30%를 외국계 전문가로 대체할 계획이라고 한다. 최근 LG전자는 브랜드, 매니지먼트, 기업 문화의 모든 측면에서 로컬 기업에서 글로벌 기업으로 성공적으로 이행하고 있다는 업계의 평가를 받고 있다.

2007년 세계적인 중장비회사인 밥캣(Bob Cat)을 인수하여 글로벌 기업으로 재도약하고 있는 두산그룹은 이미 2006년에 외국은행의 수석부행장 출신 인사를 CEO로 영입한 바 있다.

2002년의 한일월드컵 4강 신화는 물론 히딩크 감독 개인의 능력에도 힘입은 바 크겠지만, 무엇보다 선수들의 '로컬 감각'과 감독의 '글로벌 감각'이 서로 격돌하고 보완해나가는 과정을 통해 새로운 경쟁력이 싹튼 덕분일 것이다. 이제는 한국의 기업들도 글로벌 시대에 걸맞은 글로벌 경쟁력을 확보하는 방법이 과연 무엇일지에 대해 치열하게 고민하고 실험해봐야 한다.

탁구공의 딜레마

과학계에서는 카오스 이론이나 복잡계 이론을 일반인에게 쉽게 설명할 때 흔히 '나비 효과'라는 개념을 활용한다. 중국 베이징(北京)에 있는 나비의 날갯짓이 다음날 뉴욕에서 폭풍을 일으킬 수 있다는 것으로, 1961년 미국의 기상학자 에드워드 로렌츠가 기상관측을 하다가 생각해낸 이론이다. 처음에는 '갈매기 효과'였다가 이후에 좀더 시적으로 각색되어 '나비 효과'가 되었다고 한다. 아닌 게 아니라 다분히 시적인 개념이지만, 오늘날의 지구촌에서는 이러한 일들이 현실로 나타나고 있다.

2008년 1월 중국의 중남부 지역에 폭설이 내렸다. 이 폭설로 인해 중국에서 60여 명이 사망하고 100만 채 이상의 주택이 붕괴했으며 한국 돈으로 7조 원 이상의 피해가 발생했다. 물류가 마비되어 자원이 부족해지고 소비자 물가가 폭등하여 전반적인 경제 활동이 위축되었다. 전기가 차단되어 산업 현장의 생산 활동이 속속 중단되고 폭설 기간 동안 상하이의 종합주가지수가 20% 넘게 폭락했다.

세계 최대의 이머징마켓이자 '지구의 생산 공장'이라는 중국 경제의 상황이 이쯤 되자 뉴욕증시의 다우지수가 폭락했다. 중국의 폭설은 한국 경제에도 곧바로 악영향을 미쳤다. 중국의 석탄 생산이 중단되자 한국의 시멘트 공장 가동률과 화력발전소 발전량이 일시적으로 줄어들었다. 가뜩이나 방향성을 잃고 표류하던 한국 증시는 뉴욕 증시보다 더 큰 영향을 받아 연일 지수의 추락을 면치 못했다. 중국 폭설의 한파가 세계 주요 경제권까지 얼어붙게 만든 것은 거의 실시간이었다. 이 상징적인 사건 때문에 '차이나 스노 효과'라는 새로운 경제용어가 만들어졌다.

오늘날 중국은 세계 경제를 움직이는 새로운 엔진이다. 거대한 후진국, 짝퉁 천국, 저질 농산물 수출국이라는 선입견을 버리지 않은 채 중국을 보면 차이나 스노 효과의 무서운 폭발력을 간과할 수밖에 없다. 1970~1980년대 한국과 일본의 산업 격차는 현저했다. 그러나 1990년대 들어 전자, IT, 조선, 철강 분야 등에서 한국은 일본을 추월했다. 이는 한국 기업들의 적극적인 R&D와 과감한 투자 덕분이기도 하지만 일본 기업들의 상대적인 방심과 부진도 무시할 수 없는 원인이었다. 그런데 이와 비슷한 현상이 2000년대 중국과 한국의 관계에서도 반복되고 있다. 중국 기업들은 빠르게 변화하고 있는데 한국 기업들은 최근 4~5년 동안 정체되어 있다. 요즘 한국 기업들은 세상을 깜짝 놀라게 할 만한 신기술이나 신제품을 내놓지 못하고 있다.

한국은 일본에 비해 산업 규모가 크지 않으므로 한국의 발전이나 추월이 일본에 미치는 영향도 그리 크지 않았다. 그러나 한국과 중국의 경우는 그 반대다. 축구공이 한 바퀴 굴러 도달할 거리를 탁구공은 열 바퀴 굴러야 따라잡을 수 있다. 중국이 축구공이라면 한국은 탁구공이다. 현재 중국이 도달해 있는 기술 수준이나 산업 경쟁력 수준은 한국의 20~30년 전과 비슷하다고 할 수 있다. 하지만 앞으로 20~30년이 지나도 한국은 중국의 '규모'를 따라잡을 수 없다. 이미 중국이 세계경제에 미치는 영향력은 한국에 비해 10배 이상 크다.

20~30년 전까지만 해도 중국은 세계 자본주의 시스템에 거의 아무런 영향도 미치지 못했다. 그러나 오늘날의 중국은 한국이 20~30년 걸려 변화한 수준을 불과 몇 년 만에 따라잡고 있다. 특히 경공업 분야에서 중국은 이미 한국과 비슷한 기술 수준을 확보한 데다 가공할 만한 가격 경쟁력까지 앞세워 한국 제품들을 위협하고 있다. 기술 분야도 중국은 이미 한국의 기술 수준을 거의 따라잡았다. 오토바이 분야에서는 이미 한국을 추월했고 자동차 분야에서도 한국의 기술 수준에 거의 근접해 있다. PC 분야에서는 IBM의 PC 부문을 인수한 중국의 레노버 브랜드가 한국의 다른 PC

브랜드를 앞서고 있으며, 조선 분야에서도 몇몇 첨단기술을 제외하고는 그 규모나 양적인 면에서 중국은 한국의 턱밑까지 쫓아와 있다. 대만의 기술력과 결합한 LCD나 전자부품 분야에서도 중국은 세계 최대의 생산단지로 변모하고 있는 중이다.

이동통신 분야에서는 차이나모바일이 거대한 내수시장을 발판으로 세계 최대의 통신기업으로 부상하고 있다. 영국의 「파이낸셜타임즈」가 브랜드 컨설팅 업체인 밀워드 브라운(Millward Brown)과 공동으로 발표한 '2007년 글로벌 브랜드 파워' 랭킹에서 중국의 차이나모바일은 도요타, 노키아, IBM 등을 앞지르고 5위에 랭크되었다. 반면에 100대 브랜드 안에 포함된 한국 기업으로는 삼성이 44위로 유일했다.

1970년대까지만 해도 한국은 세계에서 가장 빨리 변화하는 나라였다. 1980년대에는 아시아에서 가장 빨리 변화하는 나라였다. 그러나 1990년대부터 그 변화의 속도가 주춤해졌다. 2000년대 들어서는 그 속도가 더욱 느려져 아예 멈춰 있는 듯 보일 지경이다. 축구공이 성큼성큼 굴러가고 있는 상황에서 탁구공이 앞서가려면 그보다 훨씬 빨리 구르는 수밖에 없다.

경영전략의 진화 법칙 : 포식자와 피포식자의 공진화

기업은 생존을 위해 개선과 혁신을 지속한다

사자는 얼룩말을 잡아먹기 위해 빨리 뛰어야 하고, 얼룩말은 살아남기 위해 사자보다 더 빨리 뛰어야 한다. 이처럼 포식자와 피포식자가 저마다의 생존을 위해 갈수록 더 빨라지는 진화현상을 '공진화(共進化, Co-evolution)' 라고 한다. 어느 기업이든 끊임없는 개선과 혁신을 통해 발전해나가지만, 경쟁자나 후발 주자라고 해서 개선과 혁신의 고삐를 늦추는 것은 아니다. 이러한 생존경쟁 속에서 경영 기법과 기술도 계속 진화·발전을 거듭하게 되는 것이다.

세계사적으로 산업화가 본격화되는 시기인 1900년대 초반부터 거대한 내수시장을 갖고 있는 미국 기업들은 하루가 다르게 성장할 수 있었다. 수요에 맞는 공급이 절대적으로 부족했던 산업화 초기 단계에서는 대량생산 체제를 갖추는 것이야말로 기업 경영의 핵심이었다. 1910년 프레더릭 테일러가 생산 공장의 과학적 관리법을 주창하자 포드 자동차는 이를 현장에 적용하여 컨베이어 벨트에 기반을 둔 대량생산 방식을 정착시켰다. 한편 일본의 도요타는 미국의 테일러주의와 포드주의를 받아들여 보다 정교화하고 일본식 장인정신을 결합하여 이른바 'TPS 생산시스템' 을 개발했다.

1950년대에는 대량생산 시스템에서 품질 문제가 나타나며 다양한 품질관리 기법들이 발달하기 시작했다. '품질관리' 라는 개념은 미국의 에드워드 데밍 박사가 처음 주창했으나 이를 현장에 성공적으로 적용한 것은 일본 기업들이 먼저였다. 일본 기업들은 생산 시스템을 더욱 정교하게 가다듬고 품질관리를 철저히 함으로써 낮은 가격과 좋은 품질로 전후 세계경제의 새로운 주역으로 재기할 수 있었다.

1980년대부터 미국 기업들은 거대한 내수시장마저 일본 기업들에 내주고 만다. 이를 기점으로 미국의 경기가 침체하기 시작하자 미국의 기업과 대학들은 새로운 경영 기법을 개발함으로써 경제의 회생을 꾀하게 된다. 이 무렵 새롭게 등장한 경영 기법이 리엔지니어링, 성과관리(BSC), 경쟁 전략 등이다. 미국 기업들은 이러한 새로운 경영 기법의 도입과 함께 앞선 IT 기술을 적용하여 대대적인 생산 프로세스의 개선을 추구한다. 예컨대 일본식 품질관리 기법에 생산 프로세스의 개선을 접합시킨 '식스시그마 기법' 등을 통해 미국 기업들도 차츰 품질 개선과 프로세스 간소화를 기할 수 있었다.

그러나 생산 효율의 제고와 품질 개선만으로는 신기술 개발과 신시장 개척에 한계가 있을 수밖에 없다. 최근에는 '개선'이 아니라 아예 새로운 가치를 창조하고 창의적인 전략을 구사해야 한다는 이른바 '창조경영 기법'들이 다양하게 개발되고 있다. 예를 들어 창의력 문제 해결기법의 일종인 '트리즈(TRIZ)'는 현재 기술 분야에서뿐만 아니라 비즈니스 전략 분야에서도 매우 활발히 응용되고 있다.

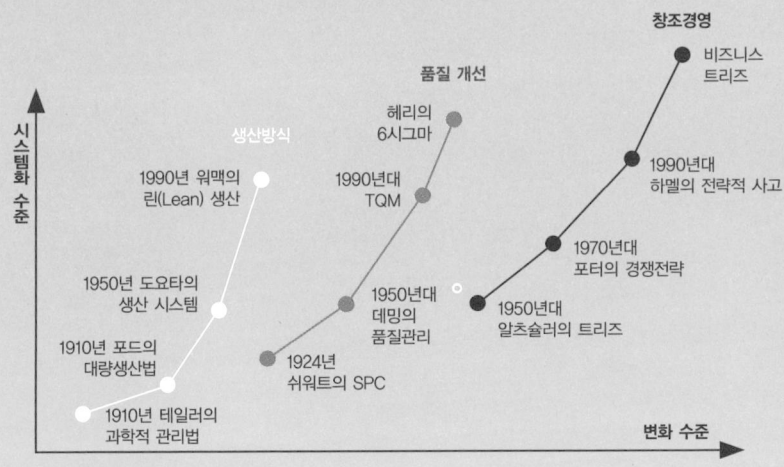

3장

상품도
진화한다

빠르되 빠르지 않은 한국형 PLC 전략

책도 하나의 제품이자 상품이다. 1970년대까지만 해도 한국의 출판시장의 주류는 소설 등 문학 서적이었으나 1990년대 들어서는 문학이 퇴조하고 실용(어학) 서적이 주류를 이루고 있다. 이렇듯 시대의 변화에 따라 출판시장의 인기 장르는 바뀌기 마련이다. 물론 동일한 장르 안에서도 3T(Timing, Target, Title)가 잘 맞아야 베스트셀러가 될 수 있다.

2007년 이명박 대통령이 당선되자마자 관련된 책들이 한국 출판시장에 쏟아져나왔다. 이명박 씨가 대통령 '후보'였던 시점과 대통령 '당선자'인 시점의 차이는 책의 판매량에도 엄청난 영향을 줄 것이 분명했다. 그중에서도 나는 특히 『MB노믹스』라는 책을 주목했다. 대통령의 이니셜과 '경제학(ecoNOMICS)'이란 용어를 결합해서 만든 책의 제목은 저자가 무엇을 말하고자 하는지 금방 알 수 있게 해주었다. 아니나 다를까 책이 출간되고 불과 일주일 만에 5쇄를 찍고 베스트셀러 목록에 올랐다. 아마도 이 책의 저자는 대통령 선거가 있기 4~5개월 전부터 글을 쓰기 시작했을 것이다. 또한 글을 쓰기 전에 먼저 콘셉트를 '경제'에 맞추고 대통령 선거일에 맞춰 상품 개발을 진행해왔을 것이다.

어떠한 제품이든 시장에서 성공하려면 '3T 법칙'이 적절히 맞아떨어져야 한다. 그중에서도 특히 시간 요소가 중요하다. 너무 늦어서 기회를 놓치기도 하지만 너무 빨라도 성공하기 힘들다. 제품 개발의 개시 시점, 개발기간의 단축, 제품의 시장 진입 시점, 제품 출시와 마케팅을 조화시키는 시점, 그리고 빠르게 매출을 늘리고 이익을 확보하는 시점 등이 전략적으로 정교하게 조직되어 있어야 한다. 이 일련의 과정을 경영학에서는 '제품수명주기(PLC, Product Life Cycle)'라고 한다. 이 PLC가 잘 관리되지 못하면 충분히 성공할 수 있는 제품도 실패할 수 있다.

PLC 전략에서는 제품의 수명을 인간의 일생과 마찬가지로 '도입기-성장기-성숙기-쇠퇴기'의 주기로 관리한다. 도입기에는 기존 제품보다 경쟁우위를 가질 수 있는 제품 전략과, 소비자들에게 자사 제품의 편익을 알려 상표 인지도를 높이고 구매 의욕을 높일 수 있는 촉진 전략이 필요하다. 상표의 선호도를 높이고 새로운 소비자와 기존 소비자의 구매를 유도하고 시장점유율을 확대하기 위해서 품질을 향상시키고 새로운 특징, 모델, 서비스 등을 추가

한다. 성숙기에는 판매성장률이 감소하며 경쟁이 더욱 치열해지므로 제품 용도를 확대하고 비사용자의 소비를 유도하거나 세분시장을 구축하는 등의 리포지셔닝 전략이 필요하다. 쇠퇴기에는 생산량, 비용 등을 줄이고 투자비를 회수하여 시장 철수 여부를 결정해야 한다.

한국 기업들이 흔히 간과하는 부분이 바로 이 PLC 주기에 입각한 '타이밍 전략'이다. 우수한 기술의 좋은 제품을 만들어놓고도 정작 타이밍을 놓쳐 실패하는 경우가 많다. 한국인들은 세계 어느

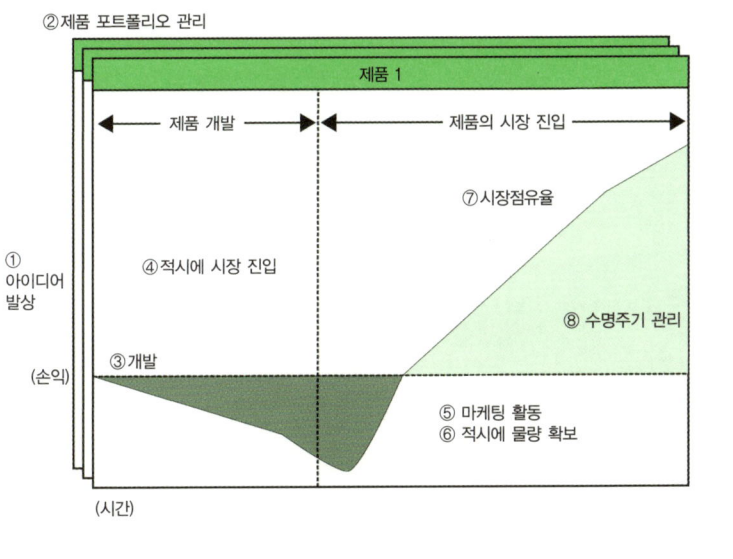

혁신의 생명주기

나라 국민들보다 일을 열심히 하고 빨리 한다. 그러나 그들이 모여 있는 기업의 전체 프로세스는 결코 빠르지 않다. 특히 각 기능들이 협력하여 시너지 효과를 내야 하는 일이라면 더욱 지체되고 복잡해진다. 그러다보니 타이밍을 놓치고 제품수명주기가 제대로 관리되지 않는 것이다.

아이디어 깔때기의 양면성

최근 10년 동안 영국 최고의 문화 수출품은 무엇일까? 다름 아닌 조앤 롤링의 판타지소설 『해리포터 시리즈』다. 시리즈 5편인 『해리포터와 불사조 기사단』은 한국에서도 출판 사상 최초로 초판 100만 권이 시중에 풀릴 정도로 큰 인기를 끌었다. 그런데 이 대단한 책이 처음에는 출간조차 못 될 뻔했다.

조앤 롤링은 정부의 생활보조금에 의지해 홀로 아이를 키우면서 이 책을 썼다. 그녀는 매일 아침 아이를 유모차를 태우고 집을 나와 하염없이 거리를 거닐며 삶의 마지막 희망인 양 이 책의 스토리를 구상했다고 한다. 아이가 잠들 때마다 잠깐씩 카페에 들러 조금씩 써내려간 원고 뭉치를 들고 그녀는 이 출판사 저 출판사를 돌아다녀야 했다. 펭귄, 하퍼콜린스 등 12개의 출판사를 전전한 끝에 원고는 결국 블룸스베리 출판사의 한 편집자 책상 위에 놓였다. 편집자 배리 커닝엄은 롤링의 원고를 읽어보고 마침내 출간을 결심하게 된다. 영국의 12개 메이저출판사는 장차 수억 달러를 벌어다 줄 초대형 베스트셀러를 문전박대한 셈이 된다.

이처럼 아무리 좋은 아이디어라 하더라도 관리자와 경영자가 잘못 판단하여 사장되는 경우는 얼마든지 있다. MP3 플레이어인 아이팟(iPod)은 발매된 지 5년 만에 1억 개 이상 팔린 빅히트 상품인데 이런 제품을 가전제품이라곤 한번도 생산해본 경험이 없는 애플컴퓨터에서 만들었다. 오랜 세월 가전제품과 음향기기를 전문적으로 만들어온 일본의 소니나 마쓰시타, 한국의 삼성이나 LG는 이런 제품을 만들지 못했다. 보다 정확히 말하면 '못 만든' 것이 아니라 '안 만든' 것이라고 볼 수 있다. 실제로 1997년 일본 산요전기(三洋電氣)의 한 간부는 아이팟과 비슷한 콘셉트의 제품을 구상하고 애플과 협력하여 개발하려고 했지만 회장이 직접 말리는 바람에 포기한 적이 있다. 산요는 일본의 가전시장에서 꾸준히 3~4위를 고수하던 굴지의 기업이었다. 그러나 최근에는 엄청난 영업손실을 줄여 발표했다는 이유로 상장폐지 위기에 처해 있을 정도로 고전을 면치 못하고 있다.

어느 한 사람의 참신한 아이디어만으로 좋은 제품이 탄생할 수는 없다. 따라서 기업에는 상하좌우가 서로서로 좋은 아이디어를 살려주는 시스템이 구축되어 있어야 한다. 그러나 산요전기의 사례에서 알 수 있듯이 특히 일본 기업들과 한국 기업들은 아이디어를 죽이는 일종의 '깔때기(Funnel)'가 작동되고 있다. 일본과 한국의 기업들이 주로 채택하고 있는 전통적인 피라미드 조직은 기능별로 세분화되어 있다. 각각의 기능마다 과장, 차장, 부장, 본부장 등 지나치게 많은 필터가 존재한다. 이 피라미드 조직은 고스란히 아이디어를 죽이는 깔때기가 되는 경우가 많다.

많은 한국 기업들이 '관리의 효율'을 이유로 여전히 고수하고 있는 전통적인 결재 방식인 '품의제도'를 한번 살펴보자. 피라미드 하단에 위치한 실무자가 뭔가 새로운 아이디어를 내면 일단 부서 내의 과장부터 엉뚱한 소리를 늘어놓기 시작한다. 과장이 겨우 동의하면 다시 차장, 부장에게 결재를 받아야 한다. 천신만고 끝에 부장에게 결재를 받고 나면 이미 많은 시간이 흐른 탓에 아이디어의 적시성에 문제가 생기고 아이디어 자체도 적잖이 변질된 상태가 된다. 거기서 끝난 것이 아니다. 본부장의 최종 승인이 떨어지려면 관련 부서의 합의가 필요하니 관련 부서의 동의서를 받아오라고 한다. 이 단계에서 만약 '부서 이기주의'의 벽에 부딪히게 되면 다시 몇 달이 훌쩍 지나가버리기 십상이다. 경쟁자들이 그보다 훨씬 우수한 아이디어를 현실화하기에 충분한 시간이다.

물론 전통적인 피라미드 조직이 늘 비효율적인 것은 아니다. 어느 기업이나 자원은 한정되어 있으므로 모든 아이디어에 고른 지원, 과감한 투자를 할 수 있는 것은 아니다. 아이디어 깔때기는 현장에서 올라오는 수많은 아이디어들 중에서 좋은 아이디어만 걸러

낸다는 순기능이 있다. 아이디어 추출과정을 몇 단계로 나누어 각 단계마다 어떤 아이디어를 죽이거나 다음 단계로 진전시킬 것인가를 결정하고, 이러한 과정을 통해 최종적으로 선정된 아이디어에 한정된 자원을 집중시키는 것이다. 이러한 방식은 상업화할 수 없는 아이디어를 빨리 도태시킴으로써 불필요한 비용을 줄일 수 있고 소수의 현실적인 아이디어에 보다 많은 자원을 집중시킬 수 있다는 장점이 있다. 하지만 이러한 필터링 과정이 새로운 아이디어를 아예 원천봉쇄하는 조직 경직성으로 굳어져서는 안 될 것이다.

세계 최초와 세계 최고의 명암

한국의 디지털 기술은 세계 최고 수준이다. MP3의 미디어적 가능성에 주목하여 세계 최초로 MP3 플레이어를 상용화한 나라도 바로 한국이다. 국내 최초로 PC용 MP3 소프트웨어를 개발하기도 했던 엠피맨닷컴(당시 새한정보시스템)이라는 회사는 1990년대 후반 포터블 MP3 플레이어를 세계 최초로 개발하고 MP3 상용화 관련 세계특허를 여러 개 획득했다. 그러나 이 회사는 기술력을 너무 과신한 나머지 상업화에는 성공하지 못하여 결국 도산하고 말았다.

엠피맨이 국내 시장에만 머물러 있을 때 레인콤은 미국 시장을 공략하기 위해 새로운 디자인과 기능의 MP3 플레이어 아이리버(iRiver)를 내놓았다. 특히 아이리버는 기존의 CD 플레이어와 MP3 플레이어의 기능을 결합한 컨버전스 제품으로 당시 MP3 플레이어의 저용량 메모리에 답답해하던 소비자들에게 어필하고자 하였다.

결국 이러한 전략이 적중하여 레인콤은 연매출 4,000억 원 규모의 중견기업으로 성장하게 되었다. 이에 레인콤은 "미안해, 소니(Sorry, Sony)"라는 광고까지 하며 아이리버의 성공을 자축했다.

애플이 MP3 플레이어 시장에 처음 진입할 당시만 하더라도 레인콤은 애플을 심각한 경쟁 상대로 생각하지 않았다. 하지만 정작 아이팟이 세계 MP3 플레이어 시장의 지도를 다시 그리기 시작하자 이번에는 아이팟을 너무 의식하여 애초의 도전정신과 창의력을 유보하고 구태의연한 따라잡기 전략(캐치업 전략)을 시도했다. 그리고 초조해진 마음에 신제품 개발에 집중하기보다는 해외 영업망을 더욱 강화하는 식으로 방만하게 대처했다. 2006년 상반기 레인콤의 매출은 전성기 때의 3분의 1 수준인 724억 원에 불과했다. 레인콤의 양덕준 사장은 말한다.

"아이팟을 의식하고 만들면 결국 아이팟의 짝퉁이 된다. 그동안 애플과 비교해서 나가려 했던 것이 하나의 실패 요인이었다."

세계 멀티미디어 업계가 한결같이 고용량 · 초소형 트렌드에만 몰두해 있는 상황에서 크기를 전혀 고려하지 않은 듯한 아이팟의 과감한 디자인은 얼핏 시대착오적인 것처럼 보였다. 아닌 게 아니라 가격이 400달러였던 초기의 아이팟은 플래시메모리가 아닌 고용량의 하드디스크를 채택하여 크기가 담뱃갑만 했다. 당시 대부분의 멀티미디어 전문가들은 아이팟이 만일 시장 진입에 성공하더라도 전통적인 애플 마니아들만 사용할 것이라 예측했다.

그러나 그것은 오판이었다. 전 세계의 얼리어답터들은 아이팟의 파격적인 디자인에 오히려 열광했다. 높은 가격과 부담스러운 크기에도 불구하고 마음껏 노래를 들을 수 있는 풍부한 저장 용량과 음악 파일을 손쉽게 다운받고 자유롭게 편집할 수 있는 소프트웨어, 컴퓨터 마우스처럼 조작이 쉽고 간편한 하드웨어 인터페이스 등은 시장의 열광적인 지지를 이끌었다. 특히 얇고 넓은 아이팟의 디자인은 오히려 다양한 스킨 튜닝을 가능하게 해주어 MP3 플레이어가 전 세계 젊은이들 사이에서 필수적인 패션 상품으로 자리 잡게 하는 데 핵심적인 역할을 하였다.

애플은 초기 모델의 빅히트에 만족하지 않고 가격, 기능, 디자인을 다양하게 갖춘 후속 모델을 연이어 발표함으로써 폭넓은 시장 수요를 충족시키며 MP3 플레이어 시장을 석권해나갔다. 애플의 구원투수로 재기용된 스티브 잡스는 일단 한 모델을 내놓아보고 판매 상황에 따라 이후 진로를 고민해보겠다는 생각으로 아이팟 사업을 시작한 것은 아니었다. 그는 포터블 멀티미디어 기기가 전 세계적으로 일상화되고 패션화되고 있다는 큰 밑그림을 그려놓고 장기적으로 하나하나 보완해나가는 작업을 계속했다.

하지만 무엇보다 고객들이 원하고 있는 것은 음악이므로 애플은 하드웨어 업체로서는 이례적으로 직접 음반사와 가수들을 찾아다니며 라이선스 계약을 해나갔다. MP3 파일을 다운받고 조작할 수 있는 소프트웨어를 지속적으로 업그레이드하는 한편 새로운 음반을 파일 형태로 구입할 수 있는 온라인 레코드점을 열었다. 애플이 고객들에게 궁극적으로 제공하고자 하는 것은 MP3 플레이어라는 하드웨어가 아니라 음악을 좋아하는 사람들이 즐길 수 있는 토털 솔루션 그 자체였던 것이다.

그에 비해 기술력에서는 결코 애플에 뒤지지 않았던 한국의 MP3 업체들은 휴대용 카세트 기기를 대신할 수 있는 작고 저렴한 휴대용 MP3 플레이어를 만드는 데에만 주력했다. 아이팟이 탄생할 즈음 한국의 삼성전자나 LG전자와 같은 대기업들도 MP3 플레이어를 생산하고 있었지만, 이들은 가전이라는 전통적인 시장에서 눈을 돌리지 못하고 MP3 플레이어를 그저 오디오사업부의 한 아이템으로만 간주했다. 따라서 과감한 제품 개발이나 세계시장 개척이라는 모험은 생각도 하고 있지 않은 상태였다.

전통적인 기업구조 내에서 제품 기획이나 개발을 담당하는 담당 엔지니어는 실패할 가능성이 있는 기획은 아예 하려 들지 않는다. 만에 하나 실패할 경우 자신의 실적이나 평가가 나빠질 수밖에 없고, 이는 인사고과나 인센티브 등에 고스란히 반영되기 때문이다. 따라서 가장 창의적이고 진취적이어야 할 개발 인재가 고작 모방과 개선이라는 지극히 안전하지만 나태한 방식에만 머물고 마는 것이다. 그렇게 돌다리도 두들겨보는 식으로 개발된 제품이라 하더라도 다시 한번 마케팅 부서의 입장에 따라 운명이 갈리게 된다. 당장 하루하루의 목표에 쫓기는 마케팅 부서 입장에서는 새로운 제품을 시장에 도입하는 일보다는 이미 시장 진입에 성공한 기존 제품으로 판매 실적을 올리는 일에 집중할 수밖에 없기 때문이다. 이런 조직구조 아래에서는 아무리 미래 시장을 선도할 혁신적인 제품을 개발했다 하더라도 시장의 초기 반응이 좋지 않으면 이내 폐기될 수밖에 없게 된다. 당연히 해당 개발팀은 다른 프로젝트에 투입되고 만다. 아이팟이 한국에서 탄생할 수 없었던 이유다.

아이팟의 진화

아이팟 이야기를 좀더 해보기로 하자. 2001년 10월 23일, 실리콘 밸리에 있는 애플 본사의 컨퍼런스 룸에 200명의 기자와 전문가들이 모였다. 애플에서 쫓겨났다가 10년 만에 복귀한 'IT 업계의 이슈메이커' 스티브 잡스는 그의 트레이드마크인 검정색 터틀넥 셔츠와 청바지 차림으로 무대에 올랐다. 그는 청바지 뒷주머니에서 담뱃갑만 한 백색 디지털 기기를 꺼내며 하드디스크형 뮤직플레이어를 소개한다고 외쳤다. 그것이 바로 아이팟이었다.

그 자리에서 그는 "이제 다른 모든 것은 모두 사라지게 될 것입니다"라고 말했다. 하지만 당시 현장에 있던 사람들의 반응도, 그날의 신제품 발표에 뒤이은 전문가들의 평가도 매우 부정적이었다. MP3 플레이어 시장은 형성된 지 오래였고, 하드디스크형 뮤직플레이어로는 이미 1999년부터 컴팩에서 판매하고 있던 퍼스널

주크박스(Personal Jukebox)가 있었다. 게다가 아이팟의 가격은 399달러였다. 평론가들은 "바보가 가격을 매긴 터무니없는 제품으로 큰 실패를 맛볼 것"이라며 혹평했다. 이에 스티브 잡스는 "아이팟보다 더 비싼 운동화도 있다"고 반격하며 특유의 낙관주의와 뚝심으로 계속 밀어붙였다.

그로부터 7년이 지난 현재 아이팟은 전 세계 1억 3,000만 대의 MP3 플레이어 시장에서 몇 년째 부동의 1위를 고수하고 있다. 아이팟의 콘텐츠 네트워크라 할 수 있는 애플의 아이튠스 스토어(iTunes Store)는 미국 내 음악 판매 분야에서 아마존닷컴을 제치고 종합 4위를 기록 중이며, 진출한 모든 나라에서도 디지털 음악 판매 분야 1위를 고수하고 있다.

아이팟에 대한 전문가들의 반응은 극히 회의적이었지만 소비자들의 반응은 가히 열광적이었다. 초기에는 매킨토시 소프트웨어밖에 지원하지 않았지만 윈도우즈 사용자들의 요청으로 2002년에는 윈도우즈 버전을 내놓았다. 하드웨어 디자인은 갈수록 미려해지고 소형화되었으며, 가격은 점진적으로 낮춘다는 전략 아래 스펙에 따라 다양화했다.

애플은 하드웨어 못지않게 소프트웨어와 콘텐츠의 확보에도 심혈을 기울였는데, 이는 곧 가시적인 성과로 이어졌다. 음원 수요자가 아이튠스에서 음원을 다운받으려면 아이튠스 소프트웨어를 설치해야 하고, 이것이 다시 아이팟의 구매로 연결되는 새로운 소비

형태가 창출되었기 때문이었다.

2004년에는 소형화와 디자인 혁신이라는 목표를 동시에 충족시킨 플래시메모리 1기가 버전을 내놓으며 가격을 200달러로 낮추었다. 2005년에는 디스플레이 패널을 제거한 셔플(Shuffle)을 69달러에 내놓았다. 이 역시 트렌드에 역행하는 듯한 과감한 시도였지만 미니멀한 레이아웃에 핵심 기능을 중시하는 마니아층의 큰 사랑을 받았다. 그리고 2005년에는 메모리 용량을 60기가로 대폭 올리고 디스플레이를 키운 비디오 버전을 새롭게 내놓음으로써 음악뿐 아니라 동영상도 볼 수 있도록 했다. 이로서 아이팟 시리즈는 기능 면에서 오디오 버전부터 비디오 버전까지, 가격 면에서 60달러부터 400달러까지 다양화되었다. 현재 애플의 멀티미디어 플레이어는 기존의 기능에 이동통신, 인터넷 등의 기능을 접목시킨 아이폰, 아이팟 터치 등의 고급형 컨버전스 제품으로 진화를 거듭하고 있다.

아이팟의 진화

애플의 아이팟은 이른바 '디지로그 디자인'의 가장 성공적인 사례로 꼽힌다. 아이팟은 최첨단 디지털 제품이 지배하고 있던 멀티미디어 기기 시장에 파격적으로 아날로그적인 디자인을 도입하여 성공한 사례다. 특히 세계의 모든 기업들이 소형화·경량화 경쟁에만 골몰해 있던 MP3 플레이어 시장에서 음악 마니아들과 얼리어답터들은 매끄럽고 넉넉하게 한 손에 들어오는 아이팟의 바디와 기계식 조그셔틀을 연상시키는 UI에 열광했다. 또한 그들은 아이팟의 넉넉한 바디를 캔버스 삼아 다양한 스킨으로 장식함으로써 공산품의 개인화(Personalizing)를 추구하는 식으로 충성도를 높여나갔다. MP3 플레이어가 감성소품, 패션소품으로 외연을 넓히는 순간이었다.

디지로그(Digilog)란 디지털(Digital)과 아날로그(Analog)의 합성어로 디지털의 효율과 아날로그의 감성을 한데 아우른다는 의미의 신조어로, 좁은 의미로는 디지털 기기에 아날로그적 정서를 융합시키는 제품 콘셉트를 뜻한다. 디지로그 제품들은 급속도로 디지털화되고 있는 현대 문명 속에서 사람들이 디지털적인 것들의 한계와 아날로그적인 것들에 대한 향수를 동시에 느낀다는 점에 주목한다. 디지털 카메라의 기계식 셔터 사운드는 디지로그 디자인의 가장 보편적인 예라고 할 수 있다.

2008년 3월 출시된 삼성애니콜의 햅틱폰은 "여자 친구가 전지현보다 좋은 이유는 만질 수 있어서다"라는 감각적 카피로 출시와 동시에 유명세를 탔다. "시각, 청각은 물론 촉각을 동시에 자극해 사용자가 휴대폰과 교감하고 휴대폰이 마치 살아 있는 듯한 느낌을 주도록 하는 감성 UI"를 장착함으로써 70만 원대의 높은 가격에도 불구하고 최근 바람몰이를 하고 있는 중이다. 햅틱폰은 손가락으로 볼륨 다이얼을 조작할 때마다 '틱 사운드'와 함께 진동을 주어 마치 실제 라디오 볼륨을 올리는 듯한 느낌을 주며, 사진을 검색할 때도 실제 사진첩을 넘기는 듯한 느낌을 준다. 착신 진동음도 강약과 장단에 따른 22가지의 다양한 옵션을 두어 사용자들의 다양한 '촉각적 취향'을 배려하고 있다. '햅틱(Haptic)'은 '촉각적인'이라는 뜻이다.

사실 프라다폰, 뷰티폰 등으로 한국에서 터치폰 시장을 가장 먼저 개척한 것은 LG전자였다. LG전자는 최근 "대당 3백 달러가 넘는 고급 폰은 모두 터치 방식으로 가겠다"고 선언까지 한 상태다. 하지만 프라다폰과 뷰티폰은 화려한 디스플레이와 터치스크린의 편리함에도 불구하고 '손맛'이 없어 뭔가 미진한 느낌을 준다는 평가가 많았다. 2008년 3월 말에 출시된 LG의 터치라이팅폰은 발광다이오드(LED) 기술을 이용해 하단 터치패드의 시각 효과를 극대화시켜 사용자 손가락이 닿을 때마다 시시각각 다양한 빛이 발산되며 손가락의 움직임에 따라 화살표나 체크 등 다양한 모양의 LED화면이 보이는 식으로 감성 디자인을 강화했다.

개체가 아닌 생태계를 사고하라

맥그리거의 'X이론'은, 사람이란 선천적으로 일을 싫어하고 가능하면 피하려고 하므로 기업이 바람직한 목표를 달성하기 위해서는 반드시 직원들을 강제로 통제하고 처벌로 위협해야 한다고 주장한다. 그리고 프레더릭 테일러로부터 시작된 이른바 '과학적 관리법(Scientific Management)'은 바로 이 'X이론'에 근거를 두고 있다. 인간의 능력과 본성에 대한 부정적인 인식을 전제하고 있음에도 어쨌든 X이론, 테일러리즘, 포디즘은 지난 50년 동안 인류가 눈부신 산업 발전을 이루는 데 매우 중요한 기틀이 되었다.

　과학적 관리법에는 항상 목표 관리, 성과 관리라는 시스템이 따라다닌다. 목표 관리와 성과 관리는 생산성을 숫자로 관리하기 때문에 대량생산 시절에는 더없이 좋은 관리 기법이다. 그러나 기업이 지나치게 목표 관리에만 의존하게 되면 직원들이 코앞에 부과

된 일과 당장 실적을 올릴 수 있는 일에만 집중하기 때문에 근시안이 될 수밖에 없다. 일의 목적이 개인의 행복이나 자아실현보다는 오로지 단기적인 성과에 있기 때문에 직원들은 일 앞에서 다른 생각을 할 겨를도 없고 한눈을 팔 수도 없다. 이러한 상황에서 '항상 고객을 생각하라' '환경의 변화를 보고 능동적으로 변화하라' 라는 식의 주문이 귀에 들릴 리 없다.

애플이 매킨토시 컴퓨터를 개발할 당시 스티브 잡스는 '모든 기술 개발은 내부에서만 한다' 는 NIH(Not Invented Here) 방식을 고수했다. 매킨토시의 개발에 성공한 후에도 그는 애플의 소프트웨어를 외부에서 사용하지 못하도록 하는 폐쇄 정책으로 일관했다. 그에 비해 마이크로소프트의 빌 게이츠는 자사의 소프트웨어를 과감히 외부에 개방하여 여러 기종에서 쓰일 수 있도록 하고 각종 응용소프트웨어 개발업체와 협력했다. 애플은 결국 마이크로소프트-IBM과의 경쟁에서 패배의 쓴잔을 마셔야 했고, 스티브 잡스는 자신이 창업한 회사로부터 쫓겨나는 경험을 해야 했다. 이후로 오랫동안 외부에서 유랑 생활을 하다가 위기에 빠진 애플을 구하기 위해 다시 복귀한 스티브 잡스는 과거에 스스로 정했던 모든 원칙을 깨고 시장이 원하는 방식으로 자신과 회사를 변모시켰다.

스티브 잡스 시기의 애플은 시스템의 설계 단계에서부터 외부의 전문업체로부터 플랫폼을 라이선싱하고 부품은 가급적 업계의 표준품을 이용했으며 제품의 생산도 전문 업체에 외주를 주었다. '모든 것을 자체적으로 해결한다'는 과거의 NIH 방식은 '모든 것을 외부와 협력한다'는 오픈네트워크 방식으로 바뀌었다. 기능적인 일에만 집착하던 기술 만능주의에서 벗어나 시장 전체를 넓게 보는 '생태계적 사고'를 했다.

스티브 잡스는 MP3 플레이어라는 하드웨어 기기와 관련 기술만을 생각한 게 아니라 소프트웨어와 콘텐츠, 소비자의 욕망과 문화적 트렌드까지 함께 조망하는 시스템적 사고에 기반하여 아이팟을 구상했다. 기업의 입장에서 무엇을 만들 것인가를 생각하기보다는 고객의 관점에서 무엇이 필요한가를 먼저 생각하며 제품을 개발했다. 그가 전문가들의 혹평에도 불구하고 아이팟의 성공을 자신하며 끝까지 밀어붙일 수 있었던 것도 '성공에 필요한 것은 전문가의 콘센서스가 아니라 소비자의 선택'이라는 확신 덕분이었다.

배타적인 기술 전략(exclusive R&D leadership)의 비용적·시간적 효율성이 재검토됨에 따라 최근 새로운 대안으로 주목받고 있는 C&D(Connect and Develop)나 오픈 이노베이션(Open Innovation) 등의 혁신 전략 역시 스티브 잡스와 같은 인프라 리더십과 생태계적 사고에 기반을 두고 있다고 볼 수 있다. 'C&D'란 세계에서 가장 큰 소비재 생산업체인 P&G의 래플리 회장이 주창한 개념으로, 무작정 R&D 비용을 늘리는 기존의 방식을 소모적인 것으로 보고 기술 혁신의 상당 부분을 외부의 네트워크를 적극적으로 활용함으로써 해결한다는 개념이다. 실제로 P&G가 운영하고 있는 '기술창업자(Technology Entrepreneurs) 네트워크'는 중국, 인도, 일본, 서유럽, 라틴아메리카, 미국 등에 'C&D허브'를 두고 각국의 전문가들이 제공하는 혁신적인 아이디어들을 적극적으로 수용하고 있다.

오픈 이노베이션 역시 비슷한 개념으로, 미국 버클리 대학의 체스브루 교수가 정의한 바에 따르면 "내부 혁신을 가속하고 기술을 발전시키기 위해 내·외부 아이디어를 모두 활용하고, 가치를 창출하기 위해 내·외부의 시장 경로를 모두 활용하는 것"을 의미한다. 즉 기업 간의 공동 개발, 제휴, 조인트 벤처, 오픈소스 등의 모든 개방형 네트워크를 두루 포괄하는 개념이다. 이처럼 C&D나 오

스티브 잡스의 생태계적 사고

픈 이노베이션과 같은 개방형 마인드가 새롭게 각광받고 있는 이유는 글로벌 경쟁이 갈수록 심화되고 기술개발 속도가 너무 빨라져 독점적이고 배타적인 마인드로는 더 이상 기업의 경쟁력을 유지할 수 없기 때문이다.

스티브 잡스는 오늘을 위해 당장 필요한 것과 장차 미래가 요구하게 될 것을 동시에 생각했다. 그는 MP3 플레이어가 생활필수품과 패션 아이템이 되기 위해 필요한 인프라를 고민하고 관련 산업과 협력하며 더불어 발전할 수 있는 일종의 '생태계'를 구축했다. 외부에서 방황하던 뼈아픈 경험을 통해 목표 관리, 성과 관리, 기술 만능주의라는 경직되고 근시안적인 경영 철학을 집어던진 것이다.

패러다임의 경제학

많은 기업들이 신제품 개발에 힘을 쏟지만 결과는 조금 나은 제품 개선에 그친다. 이는 신제품 개발 프로세스가 고정관념을 답습하고 있기 때문이라고 매킨지 컨설팅은 말한다. 2006년 11월에 발행된 매킨지 리포트에 의하면, 시장에서 크게 히트한 상품들은 고정관념을 깬 상품이며 "이러한 혁신적인 상품은 개선 제품보다 이익이 6배나 높다"고 한다.

2000년에서 2004년에 걸쳐 미국 소비산업 261개를 대상으로 신제품과 매출 상관율을 조사한 자료에 따르면 혁신 제품의 매출 기여율이 기존 제품의 개선 제품에 비해 월등하게 높다. 기존 제품의 종류 확장형 신제품 89가지의 매출 기여율은 1%에 불과했지만 혁신적인 제품 세 가지의 매출 기여율은 25.9%로 매우 높았다. 여기서 말하는 '혁신적인 제품'이란 기술의 업계 정설을 하나하나 뒤

집어 실험 정신을 발휘한 것을 말한다. 이러한 혁신 제품을 개발하려면 유연한 사고와 실험 정신이 필수적이다.

2001년까지만 해도 아기 기저귀 시장은 아기의 연령과 몸무게에 따라 크기를 달리하는 정도의 상품 다양성만 갖추고 있었다. 그러다 P&G가 팬티형 기저귀를 개발하며 성장 단계에 따라 크기뿐 아니라 기능까지 달리하는 팸퍼스를 내놓았다. 이후 P&G는 팸퍼스라는 브랜드로 물티슈와 턱받이도 출시했다. 덕분에 2001년 이후 4년 동안 기저귀 시장의 점유율을 45%에서 55%로 끌어올릴 수 있었다.

소니의 플레이스테이션과 마이크로소프트의 엑스박스가 양분하고 있었던 포터블 게임기 시장에 뒤늦게 진출한 닌텐도는 '어른들도 가볍게 즐길 수 있는 지능형 게임기'라는 콘셉트로 닌텐도 DS를 출시하여 최근 바람몰이를 하고 있다. 애플의 아이팟처럼 닌텐도 DS 역시 첨단기술에 대한 집착에서 벗어나 '일상 속에서 함께 호흡하는 생활기기로서의 게임기'라는 새로운 상품 비전을 제시하고, 협력업체들과의 과감한 네트워킹을 통해 남녀노소가 모두 즐길 수 있는 다양한 소프트웨어 인프라를 구축하는 데 성공했다.

구글 또한 야후와 MS 등 거대 인터넷업체들이 포화 상태로 시장을 분점하고 있던 상태에서 단순한 차별화가 아닌 '차원이 다른' 상품들을 잇달아 내놓으며 순식간에 인터넷업계의 최강자로 부상하였다. 이처럼 혁신적인 제품을 개발하려면 기존 제품을 모방하거나 개선하는 것이 아니라 애플이나 닌텐도, 구글처럼 기존의 사고를 근본적으로 바꾸어 고객 가치형 사고로 전환하는 일대 혁신을 추구해야 한다.

소비재 개발 프로세스의 정설		혁신 제품을 위한 사고 전환
• 기존 모델에서 찾아라		• 기존 모델을 뛰어넘는 발상을 하라
• 포커스그룹에 초점을 맞춰라	▷	• 고객에게 직접 다가가라
• 내부 자원을 활용하라		• 외부 자원을 적극 활용하라
• 다양한 아이디어를 실행하라		• 개발 프로젝트를 차별적으로 평가하라

혁신 제품을 위한 발상의 전환

갈라파고스 휴대폰의 운명

2004년 삼성전자 휴대폰의 세계 시장점유율은 14%에 이르렀다. 당시 업계 2위였던 모토로라의 시장점유율은 16%. 삼성전자가 불과 2% 차이로 접근한 것이다. 이에 위기를 느낀 모토로라는 CEO를 교체하고 신제품 개발에 주력하여 2005년에는 레이저(RAZR)라는 신제품을 내놓음으로써 2006년 시장점유율을 20%대까지 끌어올렸다. 시장점유율이 다시 12%로 추락한 삼성전자는 휴대폰 사업의 CEO를 교체하고 전략을 수정하게 된다. 그후 세계에서 가장 얇다는 울트라 시리즈를 내놓고 인도와 중국 등 이머징마켓을 적극 개척함으로써 결국 모토로라를 추월하였다.

레이저의 성공에 안주해 있던 모토로라는 삼성전자에 2위 자리를 내주게 되자 또다시 CEO를 교체한다. 그러나 모토로라는 더 이상 신제품을 내놓지 못하고 부진의 늪에 빠져버렸다. 한때 모토로라는 30%대의 시장점유율을 구가했으나 노키아의 부상으로 20%대로 떨어졌다가 다시 삼성전자의 추격으로 16%로, 2007년에는 14%까지 떨어졌다. 현재 모토로라는 12억 달러의 적자를 내는 휴대폰 사업 부문의 매각을 추진하고 있는 상황이다.

모토로라의 이러한 부진은 휴대폰 전시회에서도 그대로 드러나고 있다. 2008년 2월 스페인의 바르셀로나에서 열린 이동통신기기 전시회 MWC 2008(모바일 월드 콩그레스 2008)에서 노키아나 삼성전자는 신제품을 쏟아냈지만 모토로라의 신제품은 찾아보기 힘들었다. 특히 노키아는 네비게이션폰, 뮤직폰, 최고급 비즈니스폰 등 기능별, 가격대별로 매우 다양한 신제품을 선보였다. 애플의 아이폰을 겨냥한 노키아의 3.5세대 폰 N78은 사용자의 현재 위치에서 목적지까지 길을 안내하는 보행자 중심 네비게이터와 함께 150개국의 지도, 320만 화소의 디지털 카메라, 최대 8기가바이트의 메모리를 탑재한 뮤직폰이다.

삼성전자와 LG전자는 휴대폰 UI로 최근 각광받는 터치스크린 신제품을 선보였다. 삼성전자의 소울(SOUL)은 사용자의 취향대로 메뉴와 아이콘을 변경할 수 있는 터치스크린 방식의 인터페이스를 채택했다. 음악 감상을 할 때는 휴대폰 화면의 아이콘이 재생-스톱 등 뮤직 플레이어 버튼으로 변하고, 카메라를 촬영할 때는 줌-밝기 조절 등의 카메라 버튼으로 변한다. 이렇듯 노키아나 삼성전자가 12억 대의 휴대폰 시장을 놓고 첨단의 신제품으로 경쟁을 하는 동안 모토로라는 진화의 전 단계에 머무르며 과거를 답습하고 있다.

휴대폰은 진화가 매우 빠른 제품이다. 따라서 휴대폰의 진화 게임에서 한번 밀리기 시작하면 그대로 사업에 손을 떼야 하는 경우도 발생한다. 2000년까지만 해도 세계 3위권의 휴대폰업체였던 스웨덴의 에릭슨은 단 한순간 기술 개발의 리듬을 잃자 그대로 주저앉아 소니에 인수되는 신세가 되고 말았다. 2004년까지 세계 4위권이었던 독일의 지멘스도 이후 이렇다 할 신제품을 내놓지 못하자 시장에서 도태되어 대만의 벤큐에 휴대폰 사업 부문을 매각할 수밖에 없었다. 휴대폰은 워낙 진화가 빠른 업종이라 흥망성쇠도 빨리 나타나지만, 어느 사업에서나 진화가 늦어지면 존폐의 위기를 맞을 수 있다는 점은 마찬가지다.

굿바이 침팬지

근본 모순을 찾아라

남이 만든 것을 따라 만드는 것은 쉽다. 그러나 아직까지 개발되지 않은 새로운 기술이나 착상을 선도한다는 것은 쉬운 일이 아니다. 예측하고 전망하는 일에는 사람마다 모두 다른 견해를 가질 수 있다. 어느 것이 옳은 방향인지에 대해 아무리 토론해봐도 쉽게 결론은 나지 않는다. 그래서 미래를 예측하기 위해서는 과거를 분석하는 일이 반드시 필요하다. 과거의 법칙과 패턴을 통해 미래를 예측하는 것이다.

갈라파고스의 생물들을 관찰하며 그 진화 경로를 분석하고 미래의 진화 방향을 예측했던 찰스 다윈처럼, 구소련의 해군 특허심사관이었던 겐리히 알츠슐러(Genrich Altshuler)는 과거 20여 년에 걸친 특허 20만 건을 분석함으로써 기술의 진화 법칙을 밝혀내고자 했다. 그는 탁월한 창의성이 소수 특정인들의 선천적 능력이 아니라 기술 발전 역사의 객관적 법칙을 따라 사고하면 누구나 체득할 수 있는 보편적 기술이라고 믿었다.

그는 수많은 사례 분석을 통해 특허를 받은 기술과 받지 못한 기술의 차이점이 무엇인지를 관찰하였다. 그 결과 특허를 받은 기술들은 모두 '남들이 풀지 못한 모순(contradiction)을 해결한 것들'이라는 점을 알게 되었다. 그는 여러 유형의 문제들 중 '최소한 하나 이상의 (기술적) 모순을 가지고 있으며 아직 그 해결안이 알려져 있지 않은 문제'를 특별히 '창의적 문제(inventive problem)'라고 명명하고, 이러한 문제의 해결에 성공한 4만 건의 특허를 정밀 분석하여 그 기술 원리를 트리즈(TRIZ)라는 기법으로 정리하였다.

알츠슐러는 20만 건의 특허를 분석하는 동안 기술 진화에 일정한 흐름이 있음을 발견한다. 분야가 다르고 기술 특성이 다르다 하더라도 원리상으로 보면 일정한 진화의 패턴이 규칙성을 가지고 반복된다는 점을 간파한 것이다. 그는 특히 자동차 관련 기술의 진화 과정에서 도출된 원리의 패턴이 다른 기술 분야에서도 반복될 수 있다는 것을 발견하고 이를 8가지의 진화 패턴으로 정리했다.

트리즈는 '창의적 문제 해결법(Theory of Inventive Problem Solving)'의 러시아어 약자로서, 기술이나 비즈니스 분야에서 진화 패턴을 예측하고 모순을 해결하기 위한 새로운 아이디어를 발상하는 데 유용하여 오늘날 기업들의 신기술 개발에 널리 이용되고 있는 방법론이다. 트리즈에 따르면, 기술적 시스템은 특정한 규칙에 따라 계속 개선되지만 '혁신적인 발전을 가져오는 기술적 개선'은 그 기술적 시스템과 관련된 모순을 극복해야만 가능하다. 따라서 모든 기술적 시스템에 혁신적 발전을 가져오기 위해서는 그 시스템과 관련되어 '가장 이상적인 목표를 달성하는 데 관건이 되는 근본 모순'을 가장 먼저 찾아내야 한다.

8가지의 기술 진화의 패턴들

1. 이상성 증가의 법칙
2. 기술의 진화 단계
3. 시스템 요소의 불균질적인 진화
4. 역동성과 통제력을 증가하는 진화
5. 복잡성은 증가하나 단순하게 하기
6. 조화되거나 조화되지 않는 요소가 함께하는 진화
7. 마이크로 수준으로 이동 법칙
8. 인간의 개입을 감소시키는 진화

기술 진화의 8가지 법칙

알츠슐러는 과거 100년 동안 여러 산업 분야에서 기술이 진화해온 과정을 분석하여 8가지 패턴으로 정리하였다.

첫째, '이상성(Ideality) 증가의 법칙' 이다. 모든 사물이나 시스템은 유용한 효과와 유해한 효과를 함께 지니고 있다. 예를 들어 자동차는 사람이나 물건을 A지점에서 B지점으로 빠르게 이동시켜준다는 유용한 효과를 가지고 있다. 반면에 그 과정에서 환경을 오염시키는 물질을 배출하고 교통사고를 유발한다는 유해한 효과를 가지고 있다. 따라서 유용한 요소를 증대시키고 유해한 요소를 감소시키는 것이 자동차의 이상적인 발전 방향이 된다.

둘째, '기술의 진화 단계' 로 제품의 성숙도 지도에 S곡선을 연장시켜나가는 방법이다. PC가 처음 만들어졌을 때의 중앙연산처리장치(CPU)는 8비트에 불과했다. 그러나 곧 16비트, 32비트로 CPU

가 2배수로 커지면서 새로운 수요를 창출하여 컴퓨터 시장은 계속 확대될 수 있었다. 또한 처음에 단독으로 쓰이던 컴퓨터가 점차 네트워크용으로 발전하여 인터넷 사용이 가능해지고 무선기술로 발전하면서 응용 분야도 갈수록 넓어졌다.

셋째, '시스템 요소의 불균질적 진화'다. 기술 시스템의 각 요소들은 발전 정도나 발전 속도의 측면에서 균질한 조화를 이루지 못하는 경향이 있다. 예를 들어 선박의 동력 시스템에서 증기기관, 스크루, 터빈 등은 급격히 발전하여 특히 화물선의 경우 선적량이 급격히 증가했지만 제동장치는 그만큼 발전하지 못했다. 오늘날까지도 배가 제동을 거는 시점부터 완전히 멈출 때까지는 수 킬로미터에 달하는 안전거리가 필요하다.

넷째, '역동성과 통제력을 증가시키는 진화'로서, 시스템의 유동성이 증가함에 따라 통제력도 증가한다는 원리다. 전자상거래의 중요성이 대두됨에 따라 네트워크 보안기술이 발달하고, 이는 다시 전자상거래의 활성화로 이어져 오늘날에는 은행 업무와 주식 거래까지 인터넷으로 처리하는 것이 현대인의 일상이 되었다. 이러한 역동적인 거래 상황을 시스템적으로 분석하면 거래의 패턴을 파악할 수 있고, 이는 다시 거래를 효과적으로 통제할 수 있는 새로운 비즈니스 방법론으로 발전하게 된다.

다섯째, '복잡성은 증가하나 단순하게 하기'다. 대부분의 기술은 단순한 시스템에서 시작하여 점차 복잡성이 증가하는 방향으로 진화한다. 그러나 일정한 시점이 되면 다시 단순하게 바뀐다. 처음에는 단순한 기능의 카메라가 성능을 높이기 위해 점차 복잡해지다가 어느 순간부터 대중화에 어려움이 발생하고 가격이 비싸지자다시 단순한 자동 카메라로 진화한 것이 그 전형적인 예다.

여섯째, '조화되거나 조화되지 않은 요소의 진화'다. 이는 시스템 요소들이 조화되는 방향으로 진화하는 경우도 있고 조화되지 않은 방향으로 진화하는 경우도 있다는 것이다. 조화된 상태의 진화란, 예를 들어 진공청소기는 흡인력을 향상시키기 위해 모터의 기능과 빨아들이는 솔의 기능이 조화를 이루며 진화한 경우다. 반면에 자동차를 보면 차체는 디자인과 안정성 중심으로, 바퀴는 에너지 효율성과 승차감을 향상시키는 방향으로 진화를 한다.

일곱째, '마이크로 수준으로 이동'이다. 과학 기술적인 시스템은 대개 거대한 시스템에서 미세한 시스템으로 발전하는 경향이 있다. 1946년 미국 펜실베이니아 대학에서 개발한 세계 최초의 컴퓨터 에니악(ENIAC)은 무게가 약 30톤에 대학 강의실 두 개를 가득 채울 만한 크기의 괴물이었다. 그러나 현재 우리가 주로 사용하고 있는 컴퓨터는 작은 상자 크기의 데스크톱이거나 작은 가방 하나 크기의 노트북이다.

여덟째, '인간 개입을 감소시키는 진화'다. 기술은 인간의 편의성을 증대시키는 방향으로 진화하는 경향이 있다. 리모컨, 세탁기, 자동문, 전동창 등의 자동화 기기들이 이러한 예이다.

소비자도 진화한다

아날로그 시대에는 소비자와 생산자 간의 지식 격차, 정보의 권력 격차가 심했다. 생산자가 어느 제품을 시장에 새로 내놓고 '이 상품은 이런저런 것'이라고 구체적으로 설명해주기 전까지 소비자가 그 상품에 대해 알 수 있는 정보는 극히 적었다. 생산자는 기술을 알고 있고, 소비자는 단지 제한된 범위 내에서 소비하는 방법을 알고 있을 뿐이었다. 게다가 생산자가 설명해주는 내용 외에 소비자가 별도의 추가 정보를 입수할 수 있는 통로가 없었으므로 생산자나 판매자의 과대광고, 하자 은폐 등 소비자 권리 상의 많은 문제점들이 야기될 수밖에 없었다.

그러나 디지털 커뮤니케이션의 출현으로 상황은 조금씩 변하기 시작했다. 소비자들은 외국에도 자신이 원하는 동일한 기능의 다양한 제품이 있다는 사실을 알게 되었고, 기술과 상품에 대한 폭넓은 지식과 의견을 공유할 수 있는 커뮤니티가 형성되기 시작했다. 제한된 대리점에서만 구입할 수 있었던 고가의 전자제품들도 온라인에서 가격을 비교하여 선택 구매할 수 있는 길이 열렸다. 그러다 보니 생산자나 판매자보다 오히려 더 많은 지식과 정보를 가지고 있는 소비자가 생겨나는 등 정보의 역전 현상도 벌어지고 있는 상황이다.

이렇듯 제품 자체만이 아니라 제품의 소비 형태도 아날로그에서 디지털로 급속히 진화되면서 한때는 디지털이 모든 아날로그 요소를 대체할 것 같은 기세였다. 하지만 2000년대 들어서는 디지털의 편리와 효율에 열광하면서도 아날로그의 장점을 부분적으로 활용하고자 하는 혼성형 소비자(convergence customer)들이 늘고 있는 추세다.

오늘날 소비자들은 상품 정보는 온라인에서 얻고 실제 구입은 매장에서 하기도 하고 반대로 매장에서 정보를 얻고 온라인에서 구매하기도 한다. 이처럼 혼성형 소비자는 아날로그로 정보를 얻고 디지털로 구매하기도 하며, 디지털로 정보를 얻고 온라인으로 구매하기도 하는 것이다. 일반 서점에서 내용을 꼼꼼히 살핀 후 인터넷 서점에서 할인된 가격으로 책을 구입하는 이들도 갈수록 늘고 있다. 디지털 카메라를 살 때도 먼저 인터넷 커뮤니티나 쇼핑몰에서 모델 및 가격별 장단점을 충분히 비교 검토한 후에 전자상가를 찾는 게 일반적이다.

소비자도 진화하고 있다. 과거의 소비자들은 무조건 기능 좋고 싼 제품만 찾았다. 하지만 오늘날의 소비자들은 기능은 물론이고 감성과 감동을 함께 구매하는 가치 중심형으로 변모하고 있다. 이러한 변화는 기술의 발달과 생활수준의 향상과 관련이 있다. 1인당 국민소득이 5,000달러이던 시대에는 소비자들은 대체로 아날로그형이었지만 1만 달러를 넘어서면서부터 디지털형 소비자가 급증하였고, 2만 달러 시대에 가까워지자 혼성형 소비자가 시장을 주도하고 있다.

이러한 소비자의 진화 방향과 진화 속도를 따라잡지 못한 제품은 도태될 수밖에 없다. 소비자에게 외면 받는 기술의 진화는 무조건 내달릴 줄만 아는 눈먼 코뿔소나 다름없다. 눈먼 코뿔소의 운명은 결국 절벽 밑이나 강물 속에서 끝날 수밖에 없다.

프로슈머와
프로추어

프로슈머(prosumer)란 생산자인 프로듀서(producer)와 소비자인 컨슈머(con-sumer)의 합성어로 앨빈 토플러가 자신의 유명한 저서 『제3의 물결』에서 처음으로 제시한 개념이다. 프로슈머는 타인이나 기업이 만든 제품이나 콘텐츠를 직접 사용하기도 하지만 스스로 콘텐츠를 제작·유통시키기도 하는 능동적이고 생산적인 소비자층을 통칭한다. 좁은 의미로는 기업이 소비자의 이해와 욕구를 파악하고 활용하기 위해 특정 제품이나 콘텐츠의 개발에 적극적으로 참여시키는 소비자를 뜻하기도 한다.

인터넷 쇼핑과 인터넷 커뮤니티가 일상이 된 오늘날의 소비자들은 모두 어느 정도씩은 프로슈머라고 할 수 있다. 특히 디지털 기기의 소비자들은 대부분 소비자이자 정보 생산자, 정보 공유자의 역할을 모두 담당하고 있다. 앨빈 토플러는 최근 저서 『부의 미래』에서 프로슈머들이 점차 정보 공유형에서 DIY(Do It Yourself)형으로, 상업성에서 공공성으로, 온라인에서 오프라인으로 확대·융합해나감으로써 장차 기업의 직접 경쟁자로 대두될 수도 있다고 예견하였다.

한편 프로추어(proteur)란 전문가(professional)와 아마추어(amateur)의 합성어로 '전문가급 아마추어'를 의미한다. 이 역시 인터넷의 발달 등으로 전문 정보에 대한 일반인의 접근 기회가 비약적으로 확대됨에 따라 과거의 수동적인 콘텐츠 소비자들이 이제는 전문가 못지않은 정보 생산자로 진화하고 있음을 보여준다. 최근 새로운 인터넷 비즈니스 모델로 주목받고 있는 '프로추어 UCC', 즉 'PPC'의 유료화 움직임 등은 앨빈 토플러의 예견이 조금씩 이미 현실화되고 있음을 잘 보여준다. 디지털카메라, 합성기술 등의 콘텐츠 개발 도구의 보급은 프로슈머, 프로추어들의 시장경제 진입을 한층 가속화시키고 있다.

인터넷 환경의 프로추어들은 커뮤니티와 협업을 통해 한두 명의 전문가를 오히려 능가하는 정보와 지식을 생산하기도 한다. 네이버의 지식iN은 간단한 상품사용기에서부터 매우 전문적인 학술정보에 이르기까지 매우 다양하고 유용한 정보와 지식들이 즉문즉답 형식을 통해 자유롭게 유통된다. 2001년 미국에서 시작된 위키피디아(Wikipedia) 프로젝트는 전 세계의 네티즌이 누구나 참여하여 편집할 수 있는 툴을 제공함으로써 지식iN에 비해 보다 정확하고 정돈된 전문정보를 추구하는 온라인 백과사전이다. 2008년 4월 말 현재 234만 개의 표제어, 700만 명의 편집 참여, 1,500명의 자원봉사자, 250여 개의 언어별 버전을 자랑하는 위키피디아의 샌프란시스코 본사에 근무하는 직원은 15명에 불과하다. 위키피디아의 성공을 두고 혹자는 "집단지성(collective intelligence)이 전문지성(expert intelligence)을 이겼다"고 표현하기도 한다. 집단지성이란 예컨대 개미나 벌 한 마리의 지능은 형편없지만 그들이 군집을 이루면 어느 고등동물 못지않은 경쟁력과 사회성을 구현할 수 있듯이 지식과 정보란 소수의 독점이 아니라 다수의 참여와 협업을 통해 보다 완전해질 수 있다는 의미다.

이렇듯 소비자들은 스스로 수동적인 정보 수용자에서 벗어나 적극적인 생산 주체로서 진화하고 있지만 기업들의 관심은 여전히 '좁은 의미의 프로슈머' 개념에 머무르며 '프로슈머 마케팅'에만 주목하고 있는 형편이다. 프로슈머 마케팅이란, 가망 소비자를 신제품 개발의 보조자 혹은 베타테스터로 참여시킴으로써 시장의 제품 충성도를 제고하고 적극적인 입소문을 유도한다는 마케팅 전략의 일종이다.

상품의 진화 법칙 : 적자생존론

변화에 민감한 상품만이 살아남는다

다윈의 진화론 중 가장 유명한 개념은 '적자생존론' 이다. 한마디로 "가장 힘이 세거나 덩치가 큰 생명체가 살아남는 것이 아니라 변화에 가장 민감하게 대응한 것만이 살아남는다"는 것이다. 마치 애초에 무한경쟁의 시장원리를 위해 개발된 이론인 것처럼 이는 오늘날 상품의 진화 과정에도 고스란히 적용된다.

자동차는 150여 년에 걸쳐 오늘날의 모습으로 진화해왔다. 그러나 아직도 진화의 정점에 와 있다고 할 수 없다. 오히려 지난 세기보다 훨씬 빠른 속도로 파격적인 진화를 거듭하고 있다. 앞서 살펴보았던 '이상성 증가의 법칙'에 따라 오염 물질의 배출을 줄이고 에너지 효율을 증대시키며 안전성은 강화하는 방식으로 진화하고 있는 것이다.

카메라도 100년 넘도록 다양한 모습으로 진화를 거듭하고 있다. 전문가용에서 대중용으로, 수동 카메라에서 자동 카메라로, 아날로그 타입에서 디지털 타입으로 진화가 진행 중이다. 최근에는 동영상 기능이 추가된 제품이 속속 출시되어 캠코더와의 구분이 모호해지고 있으며, 휴대폰이나 컴퓨터 등 다른 기기와 결합되는 방식으로 계속 진화하고 있다.

TV 역시 100여 년에 걸쳐 진화해오고 있다. 브라운관형 흑백TV가 등장하고 한동안은 변화가 적었으나 컬러TV가 개발되면서부터 진화의 속도는 빨라졌다. 영상 구현 기술이 아날로그 방식에서 디지털 방식으로 발전하였고, 케이블 방송과 인터넷 방송이 가미되면서부터는 일방향 광역매체가 아니라 양방향 VOD매체로 진화하고 있는 중이다. 상자형 브라운관은 PDP나 LCD 같은 박막평면형으로 바뀌고 HDTV의 고해상도가 방송 표준이 되고 있다. 또한 오디오, 콘솔 게임기, 컴퓨터, 스토리지, 인터넷 등과 결합하면서 가정용 정보기기, 토털 멀티미디어 기기로 빠르게 진화하고 있는 중이다.

진화 속도가 가장 빠른 분야는 단연 휴대폰이다. 카폰(Car phone)에서 출발한 초기의 이동통신기기는 이내 휴대폰으로 진화했고, 휴대폰은 불과 20년 만에 몇 세대가 바뀔 정도로 빠르게 진화하고 있다. 모토로라에서 처음으로 휴대폰을 만들었을 때는 아날로그 방식에다 크기도 커서 체구가 작은 동양인이 한 손으로 편히 쥐기에도 힘들 정도였다. 그러나 오늘날 휴대폰의 크기는 손에 제대로 쥐어질까를 걱정해야 할 정도로 작아졌다.

휴대폰의 디자인도 진화를 거듭하고 있다. 바(bar) 스타일의 한 조각 브릭폰(brick phone)이 두 조각의 플립형으로 진화하더니 다시 폴더형, 슬라이드형으로 변신했다. 휴대폰에 인터넷 기능이 부가되면서부터는 인터페이스 화면이 날로 커지고 화려해지고 있다. 급기야 애플에서 앞면 전체가 액정인 휴대폰을 출시함으로써 PDA와의 경계도 무너져버렸다. 이런 추세라면 향후 더욱 넓은 화면을 위해 접히는 화면을 채택할 수도 있을 것이고, 기술적으로 더욱 진화하면 홀로그램형 디스플레이를 탑재한 휴대폰도 출현할 것으로 예상된다.

휴대폰 배터리도 진화한다. 최근 캐나다 사이먼프레이저 대학의 연구팀은 무릎에 차고 다닐 수 있는 소형 발전기를 개발하여 '걷기만 해도 자동으로 충전되는 휴대폰 배터리의 시대'를 선언한 바 있다. 걸을 때 땅을 박차며 발을 들었다 내딛는 동작을 이용해 톱니를 돌려 전기를 만들어내는 원리로, 이 발전기를 차고 1분간 걸으면 30분간 휴대폰 통화가 가능하다고 한다. 이른바 '인간 동력(Human Power)'을 연구하는 영국의 트레버 베일리라는 한 민간 발명가는 걸음걸이의 무게 압력을 압전소자에 전달하여 휴대폰을 충전할 수 있는 신발을 개발하여 현재 상용화를 추진중이다.

최근 MIT 대학의 한 연구팀은 전자기 감응 공명(ECR) 현상을 이용하여 무선으로 충전할 수 있는 핸드폰 배터리의 개발에 성공했다. 이 기술을 이용하면 가정이나 사무실 전체를 휴대용 전자기기를 위한 무선 충전 공간으로 만들 수 있다고 한다.

4장

비즈니스맨도
진화한다

5지선다형 경쟁력의 한계

한국의 교육제도는 일제 식민지 시대에 도입된 군국주의식 근대교
육을 해방 이후 개선하고 보완하는 선에서 오늘까지 이어온 것이
다. 초등학교(국민학교) 6년, 중학교 3년, 고등학교 3년, 대학교 4
년도 제국주의 일본의 교육제도에서 달라지지 않았고, 교과 내용
도 정부가 승인하는 몇몇 종의 교과서 중심으로 누구에게나 똑같
이 교육시킨다. 그나마 교과서가 몇 종으로나마 다양화된 것도 그
리 오래된 일은 아니다. 한창 자유의지와 변신 욕구가 싹틀 나이인
중고등학생들은 교복을 입히고 머리 스타일을 제어하여 통제하기
쉽도록 획일화시킨다.

   이는 해방 이후 줄곧 이어진 군사독재의 유산이기도 하지만, 단
순하게 국민의 지식수준만 향상시키기에는 그럭저럭 효과적인 방
법이기 때문에 앞으로도 상당 기간 지속될 것이다. 이렇게 교육받

은 청소년들의 획일화되고 수동적인 성향은 대부분 대학에서도 그대로 유지되다가 남성들의 경우 군대에서 재차 강화되기 때문에 사회생활 속에서도 고스란히 유지되는 경우가 많다. 분단국가에서 국방의 의무는 어쩔 수 없는 일이겠지만, 어쨌든 군대 생활 3년은 한국 사회의 남성들이 관료주의를 체화하게 되는 결정적인 시기가 된다.

군대에서는 개성이라는 것이 필요 없다. 개별적인 행동은 대부분 처벌의 대상이 된다. 규율, 계급, 서열이 모든 것을 지배한다. 인성이나 능력과는 전혀 상관없이 하루라도 일찍 군에 입대한 사람이 후임자를 철저하게 지배한다. 이러한 환경에서 몇 년을 보내다가 제대한 후 기업에 취직해도 사정은 달라지지 않는다. 유니폼을 입지 않고 좀더 많은 월급을 받을 뿐 조직 체계나 운영 방법은 기업이나 군대나 크게 차이가 없다. 이 또한 식민지 시절과 군사독재 시기의 잔재라고 할 수 있는데, 5·16 이후로 군인 출신들이 기업체로 대거 유입되어 '효율적인 조직관리'와 '국가경제의 재건'을 천명하며 군대와 비슷하게 기업을 운영해왔기 때문이다. 결국 초등 6년, 중고등 6년, 대학 4년, 군대 3년으로 약 20여 년 동안 붕어빵처럼 획일화된 사람들이 다시 기업체에 들어가 획일화와 관료주의를 고착화하고 재생산하게 되는 셈이다.

그러나 기업과 학교는 그 목적과 본질부터 다르다. 학교에서는 정해진 것만 배워 시험을 보면 우수자가 가려지지만, 기업에는 모범답안이 없고 우수사원, 우수기업을 뽑는 시험도 없다. 비즈니스에는 시시각각 변화되는 기술 환경과 시장 수요에 맞춰 끊임없이 새로운 것을 만들어내며 세계의 기업들과 경쟁할 수 있는 사람이 필요하다. 그러나 한국 기업들은 20여 년 동안 획일화된 교육 콘텐츠와 통제된 제도 아래서 찍어낸 붕어빵들로 가득하다. 이들의 서열은 암기와 오지선다형으로 결정된다. 4~5개의 보기 중에서 누가 더 정답을 잘 찍느냐로 능력이 측정된다는 것이다. 이들은 정답이 있는 문제는 곧잘 풀어낸다. 하지만 아예 정답이 없어서 전혀 새로운 답을 상상하고 만들어내야 하는 문제라면 상황이 달라진다.

농경시대의 근면, 공업시대의 모방이 지식정보시대에도 그대로 경쟁력이 될 수는 없다. 이제 우리는 국민소득 3만 달러, 4만 달러 시대에 적합한 창조적인 인재를 양성하고 그들이 기업의 주역이 되도록 교육과 기업 문화를 바꾸어야 한다.

인삼 뿌리를 무 뿌리로 만드는 조직

한국의 교육제도는 다양성보다는 획일화를 미덕이라 가르치고, 튀는 상상력보다는 효율이 중요하다고 가르친다. 다행히 요즘 학생들은 획일화된 학교 교육에서 미흡한 점을 보완하기 위해 별도의 사교육을 받기도 하고, 해외로 어학연수나 여행을 떠나 견문을 넓히기도 한다. 또한 어렸을 때부터 디지털 문화에 익숙하여 학교에서 적극적으로 가르치지 않아도 디지털을 이용한 지식 습득은 세계 최고 수준이라 할 만하다.

10년 전까지만 해도 대학생들은 시위와 휴교로 학습시간이 절대적으로 부족했다. 하지만 요즘 대학가에는 데모가 없다. 그 대신한층 좁아진 취업문을 통과하기 위해 모두들 고시 공부하듯 취업 준비를 한다. 경쟁이 치열하다보니 취업을 준비하는 이들의 능력도 매우 뛰어나다. 어학능력도 우수하고 해외연수는 이미 마친 이들이 많다. 당연히 디지털 기술은 기본이며, 대학시절부터 각종 공모전에 응모하면서 쌓은 아이디어 창작능력도 수준급인 인재들이 많다. 그에 더해 취업 경쟁 과정에서 절로 키워진 비즈니스 전반에 대한 이해 능력도 전반적으로 높아졌다. 과거 10년 전에 비하면 인재의 수준이 꽤 향상된 상태라고 할 수 있다.

그러나 이러한 인재를 발탁하고 키우는 사람은 기존의 관리자들이다. 이들의 인재 선발 기준은 단순하다. 얼마나 성실한가. 기존 질서를 얼마나 잘 존중하고 잘 적응할 것인가. 지루하고 단순 반복적인 일을 얼마나 잘 수행할 것인가. 인재 풀은 상당히 진화했으나 인재를 선발하는 기준은 10년 전이나 지금이나 마찬가지다.

대개의 기득권자들은 자신보다 우수한 사람을 조직 안에 들이지 않으려는 경향이 있다. 자신보다 우수한 사람이 조직 안에 들어오면 자신의 지위를 위협할 것이기 때문이며, 우수한 사람일수록 기존의 질서와 전통에 이의를 제기하고 새로운 질서 체계를 요구할 확률이 높기 때문이다. 특히 대기업일수록 기존의 조직과 제도가 견고하여 신입사원들은 거기에 빨리 적응하는 길 외에는 다른 대안이 없다. 대기업의 세분화된 프로세스에 길들여져 눈앞의 목표 달성을 위해 쉴새없이 뛰다보면 누구라도 똑같은 모양, 똑같은 기능의 부속품이 될 수밖에 없다. 인삼 뿌리가 거대한 농장에 심어져 튼튼한 무 뿌리로 거듭나는 것이다. 대기업들은 이런 가공할 작업을 대체로 6개월 안에 해낸다.

히딩크 감독은 과거의 한국인 감독들과 전혀 다른 방식으로 국가대표를 선발하고 훈련시켰다. 과거의 한국인 감독들은 이름값과 학연 및 지연을 선발 기준으로 삼았다. 하지만 히딩크 감독은 일체의 선입관과 연고를 배제하고 오로지 선수의 능력과 가능성만 보고 선수를 선발했다. 훈련에 들어가서는 오로지 경기력과 팀플레이만을 강조했다. 그는 선수들이 그라운드에서 공을 차면서 "선배님, 공 가요." 하고 외치거나 선배가 잡은 공에는 절대 태클을 하지 않는 선수들에게 크게 호통을 쳤다. 그는 그라운드 내에서는 누구나 똑같은 선수라는 점을 강조하며 운동을 할 때는 아예 '선배님'이라는 호칭을 쓰지 말 것을 명령했다. 그리고 고만고만한 국가들과의 친선평가전이 아니라 세계 최고의 축구강국들과 실전과 전혀 다름없는 평가전을 치르며 선수들의 국제 감각을 키웠다.

히딩크는 인삼 뿌리를 훌륭한 인삼으로 키워냈다. 월드컵 4강 신화를 달성하고 박지성, 이영표를 프리미어리거로 배출할 수 있었던 것은 역설적이게도 한국 선수들을 데리고 전혀 한국적이지 않은 조직을 만들었기 때문이다.

기업이 아닌 사람을 M&A하라

1990년대 초 삼성전자는 PC 사업이 내수시장에서 호조를 띠자 본격적으로 미국에 진출하기 위해 인수할 만한 미국 기업을 찾았다. 때마침 미국시장에서 2, 3위를 점하고 있던 AST라는 회사가 매물로 나왔다. AST의 판매망에 삼성전자의 생산력을 더하면 단숨에 미국 PC시장의 리더로 부상할 수 있을 것이라고 생각했던 삼성전자는 즉시 AST를 인수하고 한국에서 경영자를 파견했다. 그런데 막상 삼성의 자금이 들어오고 한국의 경영자가 부임하자 AST의 핵심 인재들은 모두 회사를 빠져나갔다. PC 기술은 이미 표준화된 상태였으므로 마케팅 브레인들이 시장에서 열심히 뛰어주어야 경쟁에서 승리할 수 있는데 이들이 모두 빠져나가고 브랜드만 달랑 남은 꼴이 된 것이다.

비슷한 시기에 LG전자는 미국의 가전업체인 제니스를 인수하였다. 제니스는 라디오 시대에는 최고의 브랜드였고 TV사업에서도 그런대로 명맥을 유지하고 있었으나 일본과 한국의 제품이 미국 시장을 점령하면서부터 쇠퇴의 길을 걸었다. 당시의 LG전자도 삼성전자와 비슷한 생각을 하였다. 제니스의 브랜드와 LG전자의 생산력을 결합하면 미국 시장에서 선전할 것으로 판단했던 것이다. 하지만 제니스를 인수하고보니 그들이 보유하고 있는 기술은 구형이었고, 그나마도 핵심 인력이 모두 빠져나간 뒤라 인수 효과가 별로 없었다.

삼성과 LG의 사례에서 볼 수 있듯이 한국 기업은 브랜드와 함께 사람을 사고자 했지만 현지의 인재들은 한국식 경영 방식이 익숙지 않아 한꺼번에 회사를 떠났다. 한국에도 고유한 기업 논리가 있듯이 미국 시장에서 성공하려면 미국 회사답게 경영해야 한다. 전혀 다른 사고방식과 인식 수준을 가진 관리자가 다른 문화권에서 자라고 교육받은 타국의 인재를 자국에서와 똑같은 태도로 관리하려고 들면 자연히 인식의 격차와 사고의 불일치가 생기게 마련이다. 다른 나라의 기업을 인수하여 새로운 시장을 개척하려 한다면 현지인을 변화시킬 것이 아니라 그들로부터 배우고 스스로 변화하는 게 보다 현명한 전략이 될 것이다.

하지만 한국 기업의 이러한 문제점은 15년이 지난 지금까지도 계속 반복되고 있다. 몇 년 전 국내 인터넷 커뮤니티 사업에서 성공한 다음이 미국 시장으로 진출하기 위해 라이코스를 인수한 바 있다. 라이코스식의 포털 모델이 이미 구글에 일격을 맞고 쇠퇴하고 있는 중이었으므로 다음이 인수 효과를 제대로 얻으려면 라이코스의 비즈니스 모델을 아예 새롭게 마련해야 할 상황이었다. 하지만 다음에게는 그럴 만한 능력이 없었고, 라이코스의 기술 인력은 하나 둘 빠져나가기 시작했다.

인수 합병은 기술이나 비즈니스 모델을 진화시키는 데 획기적인 발판을 마련해주기도 한다. 지금껏 갖지 못했던 새로운 기술이나 비즈니스 모델을 활용할 수 있기 때문이다. 하지만 그런 이점을 제대로 누리려면 피합병 기업의 핵심 인력을 그대로 유지해야 하고, 그들의 능력을 최대한 활용할 수 있는 관리 능력도 갖추고 있어야 한다. 최근 한국 기업들이 미국이나 유럽 기업을 인수하는 사례가 늘고 있는데, 과거 실패의 전철을 다시 밟아서는 안 될 것이다.

미쓰비시의 변신은 무죄

음악을 연주하는 데는 두 가지 형태가 있다. 오케스트라나 군악대처럼 정해진 악보대로 일사분란하게 연주하는 방법이 있고, 재즈처럼 즉흥적이고 자유분방하게 연주하는 방법이 있다. 숙달된 재즈 연주자들은 정해진 악보가 있어도 이를 자기 방식대로 해석하여 즉흥적으로 변주해가며 음악을 완성한다. 자기 방식대로 즉흥적으로 연주한다고 해서 무질서하게 하는 것은 아니다. 곡의 분위기, 관객의 반응, 동료 뮤지션들의 연주를 살펴가면서 자신의 리듬과 음색을 조절하는 것이다. 따라서 뮤지션과 뮤지션, 밴드와 관객 간의 긴밀한 상호 교감이야말로 멋진 재즈 무대의 필수 요소가 된다.

피라미드형 조직의 원조는 일본이다. 특히 일본의 종합무역상사는 거대한 피라미드형 조직으로 전 세계 무역망을 개척한 것으로 유명하다. 일본의 종합무역상사들 중에서도 단연 선두는 미쓰비시 상사다. 이 미쓰비시상사가 최근 전통적인 피라미드형 조직을 네트워크형으로 바꿨다.

전통적으로 일본의 제조업체들은 제품을 만드는 일에 주력하고, 종합무역상사는 제조업체가 만든 제품을 전 세계에 판매하는 역할을 담당해왔다. 그런데 요즘에는 제조업체나 수출입업체들이 종합상사를 통하지 않고 자체 조직을 이용해 수출입 업무를 처리하는 추세다. 이러한 비즈니스 방식의 변화에 위기의식을 느낀 미쓰비시는 과감히 변신을 시도했다.

미쓰비시는 수출입 대행업에서 '사업 개발업'으로 비즈니스 모델을 바꾸었다. 종합상사가 가지고 있는 글로벌한 정보력과 여러 분야에 정통한 인재들의 기획 능력을 결합하여 새로운 유망 사업을 발굴하는 데 비즈니스 초점을 맞춘 것이다. 이로써 미쓰비시는 단순히 기업들의 거래를 중개하는 일에서 벗어나 새로운 사업을 발굴하고 직접 투자하는 기업으로 변신하는 데 성공했다. 현재 미쓰비시는 전 세계 80개국에 200개 이상의 사업 거점을 두고 500여 개 사업 투자 회사를 관리하고 있다.

최근 미쓰비시는 신에너지 및 환경, 주변의료기기, 금융 등을 신수종사업으로 선정하고 이노베이션 사업그룹을 출범시켰다. 이노베이션 그룹의 모토는 미쓰비시의 지향점을 잘 보여주고 있다.

"우리는 사회 수요와 산업구조의 변화, 기술 혁신 등을 파악하고

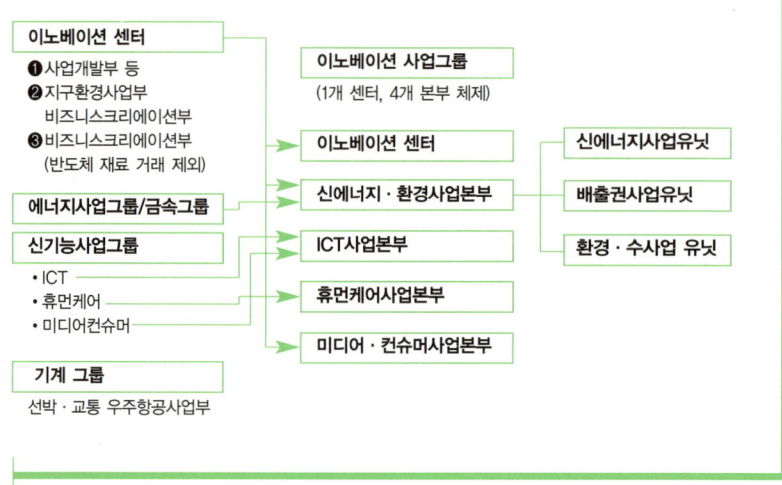

이노베이션 센터

❶ 사업개발부 등
❷ 지구환경사업부
    비즈니스크리에이션부
❸ 비즈니스크리에이션부
    (반도체 재료 거래 제외)

에너지사업그룹/금속그룹

신기능사업그룹

  • ICT
  • 휴먼케어
  • 미디어컨슈머

기계 그룹

선박 · 교통 우주항공사업부

이노베이션 사업그룹

(1개 센터, 4개 본부 체제)

이노베이션 센터

신에너지 · 환경사업본부

ICT사업본부

휴먼케어사업본부

미디어 · 컨슈머사업본부

신에너지사업유닛

배출권사업유닛

환경 · 수사업 유닛

미쓰비시상사 조직 개편 내용

신사업 분야를 창출한다. 하지만 우리의 최종 목적은 그룹을 없애
는 것이다. 이 그룹을 뛰어넘는 새로운 사업그룹을 만들어내는 것
이 우리의 임무다."

보수의 대명사였던 일본의 종합상사가 이처럼 스스로를 파괴하
는 혁신을 거듭하고 있는 상황에서 한국의 기업들은 과연 어떠한
혁신을 시도하고 있는지 자문해봐야 할 때다.

일본 기업들의 변신

경영 환경과 시장 환경이 급변하는 오늘날에는 기업들이 과거의 주력 사업에만 집착해서는 안 된다. 특히 규모가 큰 기업 집단들은 이제 업종과 업태가 더이상 아무 의미가 없다. 과거의 주력 사업이 오늘의 애물단지가 되는 일은 비즈니스 생태계에서 비일비재하다. 일본 「포브스」지는 '일본에서 사업 변경으로 성공한 기업'으로 다음의 3개 사를 대표적인 사례로 꼽고 있다.

쇼와덴코(昭和電工)

화학원료 제품에 주력해왔던 일본의 쇼와덴코는 로하스(LOHAS) 트렌드가 대두함에 따라 전 세계적으로 석유화학제품의 수요가 감소하자 1998년과 1999년 2년 연속으로 적자를 기록하였다. 게다가 비슷한 시기 미국 시장에서 발생한 소송 건으로 2천억 엔의 손실이 추가로 발생하자 졸지에 약 7천억 엔의 부채를 떠안는 신세가 되었다. 이에 당시 오하시 사장은 6년짜리 구조개혁 계획을 내놓으며 "전반 3년 동안에는 차입금을 줄이고 누적적자를 축소하는 한편, 후반 3년 동안에는 새로운 사업의 싹을 길러 회사를 다시 성장 가도에 올려놓겠다"고 선언했다. 실제로 6개년 계획의 초반 3년 동안 쇼와덴코는 실적이 부진한 12개의 전통적인 사업부문을 정리하고 47개 사업을 근본적으로 재검토했다. 그리고 후반기 3년이 시작되는 2003년 1월, 쇼와덴코는 미쓰비시가 손을 떼기로 결정한 하드디스크 제조공장을 헐값에 인수했다. 이후 쇼와덴코는 과감한 투자와 함께 R&D에 집중하여 하드디스크 사업을 회사의 새로운 성장 동력으로 키우는 데 성공했다. 현재 쇼와덴코는 PC용은 물론 휴대전화, 내비게이션 등 첨단제품용 스토리지를 생산하는 환경을 갖추고 급성장하는 휴대용 스토리지 시장에서 비약적인 발전을 거듭하고 있다.

후지필름

1934년에 설립된 후지필름은 전 세계의 모든 소비자들이 알고 있는 몇 안 되는 기업 중 하나다. 후지필름은 처음에 일본의 내수용 영화필름을 생산하여 성장의 기틀을 닦고, 이후에는 일반사진용 필름 분야에 주력하여 일본 내수시장의 70%를 점유할 정도로 독보적인 지위를 누려왔다. 그러나 주지하다시피 필름 카메라에서 디지털 카메라로의 시장 변화는 순식간이었고, 이러한 변화 속도에 미처 대비하지 못했던 후지필름은 2000년을 기점으로 매년 20% 이상의 매출 감소를 계속 감내해야 했다. 2006년 1월, 후지필름은 5,000명의 인원 감축 및 사업 구조조정 계획안을 발표한다. 당시 후지필름 그룹의 지주회사인 후지필름 홀딩스의 고모리 사장은 "가장 나쁜 것은 조금씩 사업이 축소되는 것이며, 이쯤에서 과감한 대책을 취해 미래를 위한 사업기반을 재구축해야 한다"고 말했다. 이를 기점으로 후지필름은 전통적인 주력 사업이었던 사진 관련 사업을 대폭 축소하고 기존에 보유하고 있던 필름 관련 기술을 바탕으로 평판디스플레이(FPD)의 필름 재료 사업에 뛰어드는 등 과감한 업종 전환을 시도한다. 후지필름의 변신은 쇼와덴코처럼 M&A 등을 통한 전혀 새로운 분야로의 진출이 아니라 기존의 기술을 바탕으로 새로운 제품과 시장을 발굴하는 데 성공했다는 점에서 더욱 시사하는 바가 크다.

아사히유리

아사히유리는 전후 일본의 산업화 과정 속에서 독점적인 지위를 누리며 오랜 세월 별다른 위기를 겪지 않은 채 안정적인 성장을 해왔다. 그러나 일본의 버블경제가 끝나고 장기불황이 시작된 1990년대부터 지속적인 수익 하락을 거듭하다가 결국 1999년 3월 상장 이래 첫 영업적자를 기록하게 된다. 이에 아사히유리는 'Shrink to Grow'라는 중장기 경영계획안을 발표하게 된다. '2보 전진을 위한 1보 후퇴'의 의미를 띤 과감한 구조조정 계획이었다. 이후 아사히유리는 건축유리 등 지금껏 회사의 성장을 견인해왔던 주력 사업 분야의 전면적인 재검토에 들어가 경영 방식을 바꾸고 비용구조를 개선하고 대규모 인원 감축을 단행했다. 이처럼 뼈아픈 구조조정이 진행되는 동안 아사히유리는 유리사업이나 화학산업 등 전통적인 범용사업에서 창출되는 현금흐름을 액정, 플라즈마, TV용 유리기판 등 전자 · 디스플레이 사업에 적극적으로 투자했다. 2006년 6월, 아사히유리는 중간결산에서 전자 · 디스플레이 사업의 매출액과 영업이익을 전년 대비 각각 16%, 40%씩 올리는 비약적인 성장을 기록했다. 아사히유리는 '상대점유율은 높지만 산업성장률은 낮은 사업(Cash Cow)'이 창출하는 현금흐름을 '상대점유율도 높고 산업성장률도 높은 사업(Star)' 또는 '상대점유율은 낮지만 산업성장률은 높은 사업(Question Mark)'에 투자하여

기업의 지속성장을 이어나간다는, 이른바 'BCG 매트릭스 전략'의 전형적인

성공 사례이다.

굿바이 침팬지

돈으로 안 되는 사람들

일반사무직은 대부분 입사시험을 보아서 채용이 되면 정직원으로 승진을 하면서 몇 십 년을 근무하게 되는 단순한 직군에 속한다. 그러나 영업직은 수당제, 임시직, 별정직, 정직원 등으로 직군이 다양하다. 또한 급여체계도 다양해서 고정급 없이 수당만으로 운영되는가 하면 일반직과 마찬가지로 수당 없이 고정급으로만 운영되기도 한다.

일반사무직의 경우 일을 잘한 사람과 그렇지 못한 사람의 차이가 몇 십 퍼센트라면, 영업직의 경우에는 일을 잘한 사람과 못한 사람의 차이가 몇 백 퍼센트 이상이다. 그래서 영업직의 근무 형태를 보면 사람들이 무엇에 동기가 부여되고 어떻게 해야 사람들로부터 최대한의 능력을 이끌어낼 수 있는지를 알 수 있다.

미국의 심리학자 에이브러햄 매슬로(Abraham Maslow)는 인간

욕구의 발전단계를 5단계로 정리했다. 그는 인간의 가장 기본적인 욕구인 '생리적 욕구'를 가장 밑에 놓고 안전, 소속 및 애정, 존경에 대한 욕구를 그 위에, 그리고 자아실현 내지 성장욕구를 최상층에 놓았다. 예컨대 굶주린 사람들은 음식을 얻을 수 있다는 기대만으로도 충분히 동기부여가 되지만, 이미 배불리 먹은 사람은 그런 기대만으로는 더이상 동기부여가 되지 않는다.

이제 이 피라미드를 보험 영업직의 업무에 적용해보자. 30여 년 전까지만 해도 생명보험회사의 영업직은 일명 '보험 아줌마'라고

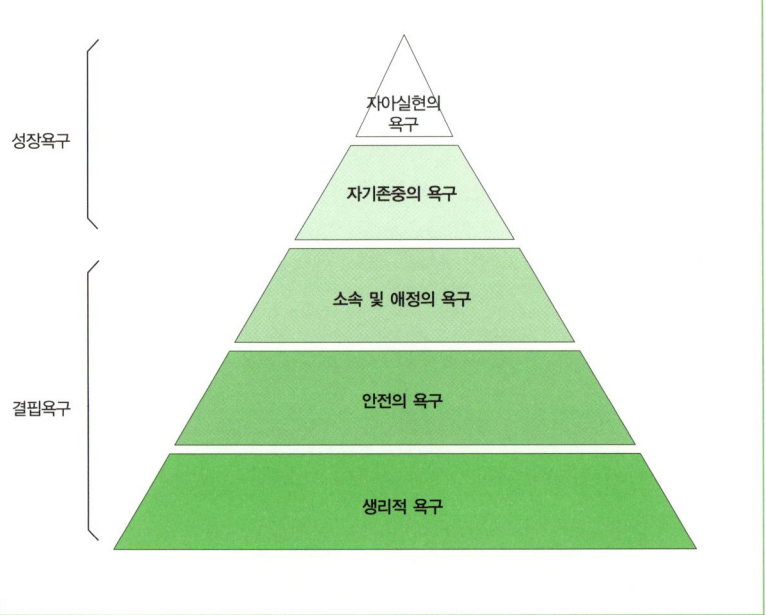

매슬로의 욕구 5단계

굿바이 침팬지

불리는 사람들이 주를 이루었다. '보험 아줌마'들은 주변 사람들을 보험에 가입시키고 얻는 수당으로 생계를 꾸려갔던 사람들이다. 따라서 이들은 '생리적 욕구' 내지 '안전의 욕구' 단계의 영업직이라 할 수 있다.

그러나 '보험 아줌마'들 중에서도 단순히 지인들의 동정 구매에 의지하는 수준을 벗어나 보험 마케팅 분야에서 개인 비전을 발견하고 보다 큰 보험회사로 옮겨 안정성을 추구하려는 부류들이 생겨난다. 대형 보험회사들도 이제는 단순 영업직에 기반을 둔 마케팅에서 벗어나 진정한 보험 전문가를 양성하기 위해 처음부터 학력 수준이 높은 젊은이들을 채용하여 교육을 시키고 있는 추세다. 이러한 환경에서는 보험 영업직의 동기 요소가 '소속 및 애정의 욕구' 단계로 상향하게 된다. 금융 전문가로 양성된 영업사원들은 다양한 고급형 보험을 판매할 수 있는 전문성과 설득력을 갖추고 있으므로 실적도 눈에 띄게 향상된다.

그런데 다시 이들 중에서 일부 전문가들은 자산관리 자격증이나 펀드판매사 자격증을 따고 VIP고객의 자산관리 컨설팅을 하며 보험과 펀드를 함께 판매하는 수준으로 성장하게 된다. 자기 성장을 향한 욕구가 남들보다 뛰어난 사람들만이 이 단계로 진입할 수 있고, 이들 중에서 억대 연봉자가 태어나고 MDRT(백만달러원탁회의) 멤버가 탄생하는 것이다.

'소속 및 애정의 욕구' 단계까지는 어디서 더 많은 돈을 주느냐에 따라 사람들이 쉽게 이직을 한다. 그러나 '자기존중' '자아실현'의 단계에 있는 사람들은 이미 부를 창조하는 능력이 있기 때문에 금전 조건에 따라 쉽게 직장을 옮기지 않으며 그럴 필요가 없다. 이 단계에 속한 이들은 자기계발의 '기회'를 충분히 주고 일을 보다 잘할 수 있는 '여건'을 만들어주는 직장을 선호한다.

기업의 입장에서는 인재 확보만큼이나 중요한 것이 바로 인재 유지다. 소중한 인재가 이직을 했을 경우 그동안 인재 양성에 투자한 비용뿐 아니라 그 인재를 계속 고용했을 경우 얻을 수 있는 기회비용을 함께 잃어버리게 된다. 그래서 미국의 세계적인 회계법인인 언스트 앤드 영(Ernst & Young)의 경우에는 CEO 직속으로 별도의 인재 유지 담당자(Office of Retention)를 두기도 한다. 1990년대 이후로 '인재 확보 전쟁(war for talent)'이라는 말이 유행할 정도로 우수한 인재의 확보와 유지는 전 세계 비즈니스계의 화두가 되었다.

한국에도 '돈으로 안 되는 사람들'이 점차 많아지고 있다. 이러한 상황 속에서 인재의 동기부여 요소를 제대로 파악하고 적절히 제공하는 것 또한 매우 중요한 비즈니스 기술이다.

닌텐도와 시지프스의 바위

일본의 닌텐도는 원래 화투를 만들던 작은 기업이었으나 1949년 가업을 계승한 2세 경영자가 장난감 개발 분야로 눈을 돌리면서 오늘날 일본을 대표하는 게임기 업체로 성장하게 되었다. 닌텐도는 1985년 출시한 게임기 패미콤과 1990년 출시한 소프트웨어 슈퍼마리오로 일본 게임기 시장을 석권한다. 1994년에는 소니 플레이스테이션의 등장으로 심각한 위기를 맞기도 했지만 포켓몬을 통해 위기를 극복하며 이후 출시된 마이크로소프트의 엑스박스와 함께 게임기 시장의 3각구도를 이루게 된다.

이후 닌텐도는 '청소년 게임 마니아층'을 대상으로 하는 게임기 시장이 이미 포화 상태에 이르렀다고 판단하고 일반 성인들을 대상으로 하는 '지식형 게임기'의 개발에 착수하게 된다. 마침내 2004년 닌텐도가 선보인 닌텐도 DS는 2개의 화면과 터치 패널, 음성 입력 디바이스와 블루투스 무선통신이라는 획기적인 아이디어로 게임기에 대한 기존의 고정관념을 깨뜨리며 일약 세계시장의 히트상품으로 떠올랐다. 'DS'는 'Dual Screen'의 약자로 닌텐도의 실험 정신을 잘 보여주는 상표명이다.

닌텐도 DS는 소니의 PSP가 이미 선점하고 있던 한국의 포터블 게임기 시장에서도 출시와 동시에 폭발적인 인기를 끌어 발매 2년이 채 안 되어 100만 대 이상을 판매하는 기염을 토했다. 특히 닌텐도 DS의 킬러 콘텐츠라고 할 수 있는 닌텐독스는 포터블 게임기와는 거의 인연이 없던 젊은 여성층들까지 대거 게임기 시장으로 유인하는 첨병 역할을 했으며, 닌텐도 DS 특유의 근거리 무선통신은 '커플 게이밍'이라는 새로운 신세대 문화 풍속도를 만들어내기도 했다.

게임기 업계의 강자였던 소니는 '포터블 게임기는 집밖에서도 게임을 하고 싶어하는 열혈 마니아들을 위한 것'이라는 고정관념을 벗어나지 못했기 때문에 성인용 두뇌 게임기라는 새로운 시장을 보지 못했다. 한국의 수많은 게임업체들 역시 '한국인은 온라인 게임만 좋아한다'라는 고정관념 때문에 오프라인 게임기나 오프라인 소프트웨어의 개발은 전혀 생각도 하지 않았다. 이는 마치 삼성전자나 LG전자가 자신들은 가전업체이며 MP3 플레이어는 오디오 기기의 연장일 뿐이라는 고정관념에서 벗어나지 못했던 것과 마찬가지다.

지식과 경험은 새로운 의식체계를 만들지만, 이렇게 형성된 의식체계는 어느 정도 시간이 지나면 고정관념으로 작용하여 새로운 지식과 경험을 가로막는 역작용을 한다. 그리스 신화에 나오는 시지프스는 신들에게 대항하다가 산꼭대기로 바위를 굴려 올려야 하는 벌을 받는다. 하지만 바위는 산꼭대기 근처에 다다르면 다시 아래로 굴러 내려온다. 따라서 시지프스는 끝없이 바위를 굴려 올려야 할 운명이다. 고정관념이란 어떠한 노력도 원점으로 돌려버리는 시지프스의 바위이다.

닌텐도의 실험정신을 잘 보여주는 닌텐도 DS

굿바이 침팬지

1889년 설립된 일본의 닌텐도(任天堂)는 원래 화투를 만들던 소규모의 가족회사였다. 이후 1970년대 말까지 무려 88년 동안 화투, 트럼프 등 테이블게임용 완구를 만드는 업체라는 이미지에서 벗어나지 못했다. 1970년대 말 닌텐도는 과감히 전자오락실용 게임기 사업에 뛰어들었지만 막대한 재고만 떠안고 파산 위기에 몰리게 된다. 하지만 1980년대부터 때마침 8비트─16비트 가정용 콘솔게임기 시장이 본격화되면서 닌텐도의 콘솔게임기 패미콤은 슈퍼마리오라는 킬러 콘텐츠와 함께 전 세계로 퍼져나가며 닌텐도를 일약 세계 게임기 업계의 강자로 일으켜 세운다.

그러나 1990년대 후반, 소니의 플레이스테이션과 마이크로소프트의 엑스박스는 고사양 멀티미디어 콘솔게임기의 새 시대를 열어젖히며 단숨에 닌텐도의 아성을 무너뜨린다. 그렇게 게임 마니아들의 뇌리에서 '닌텐도'라는 브랜드가 거의 잊혀져갈 즈음, 짧지 않은 암중모색의 시기를 거친 닌텐도는 2005년 가정용 콘솔게임기 Wii와 포터블게임기 닌텐도 DS를 양손에 들고 게임기 시장으로 화려하게 컴백한다. Wii는 '플레이스테이션'이나 '엑스박스'처럼 최첨단 3D영상과 뛰어난 확장성으로 사용자들을 압도하는 것이 아니라 사용자의 온몸을 조이스틱 삼아 화면 앞에서 신나게 뛰어놀 수 있게 한다는 스포츠형 콘솔게임기였고,

닌텐도 DS는 '착하고 귀엽고 친절하고 사랑스럽고 쉽고 유익한 게임'이라는 감성적 측면을 강조한 제품이었다.

닌텐도의 화려한 부활은 첨단기술과 고품질 멀티미디어, 네트워크형 블록버스터로 중무장한 기존의 마켓리더들이 미처 발견하지 못했던 전혀 새로운 시장을 소비자들에게 제안하고 보란 듯이 성공했다는 점에서 애플의 아이팟, 구글의 구글월드에 비견될 만한 혁신적 사례로 평가받고 있다.

청소부 리자청

기업 경영의 중요 자원을 의미하는 '3M'은 자금(Money), 상품
(Material), 사람(Man)이다. 산업화 초기 단계에서는 이 세 가지 자
원 중에서 '자금'이 가장 중요한 요소였다. 기술력이 기업의 운명
을 결정짓던 산업화의 성숙기에는 '상품'을 잘 만들 수 있는 기술
이 곧 경쟁력의 원천이었다. 그러나 오늘날의 정보화시대에는 '사
람'이 가장 중요한 자원 요소다. 정보화시대에는 최첨단 분야를 제
외하면 대부분의 상용화 기술들이 어느 정도 평준화되어 상품들
간의 기술 격차가 별로 크지 않다. 이런 환경에서 차별화된 경쟁력
을 갖추려면 다른 무엇보다 '사람'을 확보해야 한다.

'사람의 숫자'가 중요하던 시대는 지났다. 성실성만으로도 성공할
수 있는 시대도 지났다. 이제는 소수의 창의적인 인재들이 차별화를
만들어내는 시대다. 하지만 기존에 있던 모든 직원들을 창의적인 인

재로 대체할 수는 없는 일이다. 그래서 기존의 사람들이 창의적인 사람으로 변해야 한다. 모든 사람들이 스스로 '자기 혁신'을 통하여 창의적인 인재로 변신하지 않으면 기업의 혁신도 불가능하다.

개인의 자기 혁신에는 다음의 3가지 변화가 필요하다.

- 마인드 혁신
- 사고 혁신
- 행동 혁신

기업에서 한두 번의 성공 경험을 가지고 있는 사람은 그것을 지키고 연장하려는 생각을 하기 마련이다. 하지만 작은 성공에 안주하다가는 큰 실패에 봉착하게 될 수도 있다. 따라서 변화를 받아들여 또다른 성공을 만들어가겠다는 도전정신, 즉 마인드 혁신이 필요하다.

기존의 고정관념으로부터 자유로워지는 것이 사고 혁신이다. 과거의 모습과 고정관념에 사로잡혀 있는 한 자신의 한계를 뛰어넘을 수 없고, 한계를 뛰어넘지 못하면 성공도 없다.

혁신적인 아이디어를 내고도 그것을 실행하지 않으면 아무 의미가 없다. 아직 한 번도 시도해보지 않은 일이라도 과감히 실행하려는 용기가 있어야 하며, 이를 행동 혁신이라 한다.

홍콩 창장(長江)그룹의 회장 리자청(李嘉誠)은 마인드 혁신, 사고 혁신, 행동 혁신을 통해 아시아 최고의 갑부가 된 사람이다. 미국 경제전문지 「포브스」에 따르면, 2005년 그의 개인 재산은 124억 달러로 아시아 최고였다. 창장그룹이 중국 본토의 상해 등에 투자한 항만시설은 중국 전체 컨테이너 물동량의 약 25%를 담당하고 있다.

리자청은 중국 본토에서 12살에 홍콩으로 이주했지만 가정 형편이 어려워 중학교 1학년을 중퇴하고 어린 나이에 사회생활을 시작하였다. 처음에는 찻집 종업원, 이후에는 시곗줄과 허리띠를 파는 행상을 하다가 한 플라스틱 제조업체에 판매원으로 취직했다. 22살이 되던 해에는 스스로 창장(長江)플라스틱을 세워 플라스틱 장난감을 생산하기 시작한다. 그렇게 플라스틱 업계에 몸담은 지 7년째 되던 해, 그는 지금껏 회사의 실적이 형편없었던 이유가 바로 남들이 만드는 것과 똑같은 장난감을 만들고 있었기 때문이라고 생각한다.

잠자리에 들기 전에 항상 잡지를 읽는 습관이 있었던 그는 어느 날 영문판 「플라스틱(Plastic)」이라는 잡지를 보다가 눈에 확 띄는 기사 하나를 발견한다.

"이탈리아의 한 회사가 플라스틱으로 조화(造花)를 개발하는 데 성공, 곧 대량생산에 들어갈 예정이다."

마침 새로운 활로를 모색하던 그는 마치 신대륙을 발견한 것처럼 흥분했다. 다음날 홍콩 전역을 돌아다니며 조사해본 결과 플라스틱 조화를 갖춘 상점은 없다는 사실을 알게 된다. 1957년 봄, 리자청은 플라스틱 조화를 개발했다는 그 회사를 찾아가기 위해 잡지에 나온 주소만 들고 무작정 이탈리아행 비행기를 탔다. 회사를 찾아가 조화 샘플을 보니 너무 마음에 들었지만 기술 제휴나 합작 회사를 세울 돈은 없는지라 리자청은 그 회사의 청소부로 취직을 하기로 한다. 그의 역할은 폐기물을 처리하는 것이었다. 그는 낮에는 일을 하며 회사 사람들을 사귀었고, 저녁에는 집으로 기술자들을 불러내어 핵심 기술에 대한 정보를 수집했다.

실적은 형편없었지만 어쨌든 7년 동안이나 플라스틱 공장을 직접 운영했던 리자청은 몇 달 만에 플라스틱 조화의 제조 방식을 터득할 수 있었다. 리자청은 큰 트렁크 몇 개에 조화 샘플과 원료, 기술 자료 등을 잔뜩 싸가지고 홍콩으로 돌아왔다. 그렇게 만든 플라스틱 조화가 창장그룹의 성장에 밑거름이 되었음은 물론이다.

리자청은 이미 한 기업체의 엄연한 사장이었음에도 불구하고 새로운 성공을 일구어내겠다는 마인드 혁신을 했고, 과거의 부진한 실적에 낙담하고 괴로워하는 데 그치지 않고 자신의 한계를 뛰어넘기 위해 무작정 이탈리아행 비행기를 타는 사고 혁신을 했다. 그리고 원하는 기술을 알아내기 위해 과감히 해당 업체의 청소부로 취직해 스스로 원천기술을 습득하겠다는 행동 혁신을 했다. 개인의 변화 관리가 개인과 조직의 성공에 얼마나 중요한 요소인지를 새삼 깨닫게 해주는 사례라 할 수 있겠다. 리자청은 말한다.

"돈은 하루 만에 엄청 불어날 수도 있고, 하룻밤 사이에 절반이 될 수도 있다. 진정한 재산은 어느 누구도 가져갈 수 없는 속마음에 있다."

우리도 알카에다처럼

IBM은 오랜 세월 세계 PC 업계의 상징적인 리더였다. 그러나 현재 중국의 레노버에 PC 사업부문을 매각하고 PC 사업에서 완전히 손을 뗀 상태다. 애플은 여전히 PC 사업을 하고 있지만 MP3 플레이어와 휴대폰을 새로운 성장 동력으로 삼고 있다.

IBM의 경영 슬로건은 "생각하라(think)"다. 모든 직원들의 책상에는 'THINK'라는 슬로건이 붙어 있다. 애플의 스티브 잡스는 "다르게 생각하라(Think Different)"라는 슬로건을 사무실 벽에 붙여놓고 다르게 생각하고 다르게 일하는 방법을 직원들에게 권장하고 있다.

획일화는 효율을 높이는 데 도움이 되지만 창의력을 저해하는 단점이 있다. 구글은 창의적인 업무 분위기를 조성하기 위해 사무 환경을 직원들이 마음대로 꾸미도록 한다. 구글에는 복도에다 책상을 내놓고 일하는 사람이 있는가 하면, 자기 집과 똑같이 사무 환경을 꾸미는 사람도 있으며 아예 개를 데리고 출근하는 사람도 있다. 구글은 사무실 밖 복도에도 커다란 화이트보드를 걸어놓는다. 직원들은 이동 중에 문득 떠오르는 아이디어를 화이트보드에 메모하고, 그걸 본 다른 사람은 거기에 또다른 아이디어나 의견을 적어놓는다.

구글 직원들은 주 5일 근무 중 하루를 회사일이 아닌 자신이 하고 싶은 일에 할애할 수 있다. 그리고 업무시간의 20%는 회사의 프로젝트가 아니라 다소 현실성이 없더라도 자신이 진정 창의성을 발휘할 수 있는 아이디어의 개발에 투자한다. 세계의 경쟁자들을 긴장시키고 네티즌들을 열광하게 하는 구글의 신제품과 신기술들은 이 20%의 시간에서 비롯된 것이 많다고 한다. 이렇듯 20%의 엉뚱한 시간에서 회사를 이끌어갈 새로운 아이디어들이 쏟아져 나오기 때문에 구글은 이 '20%의 룰'을 계속 고수하고 있다.

3M도 구글과 마찬가지로 직원들의 창의성을 자극하기 위해 몇 가지 퍼센트 룰을 운용하고 있다. 물론 이러한 방식이 모든 업종의 모든 기업들에 유용한 방식은 아닐 것이다. 하지만 특히 창의력을 중시해야 하는 업종이나 직종에서는 매우 유용한 방식이 될 수 있다. 한국은 갈수록 IT나 기술 산업의 비중이 커지는 산업구조를 갖고 있다. 기술이나 마케팅 능력이 기업의 성장에 중요한 영향을 미칠 수밖에 없는 구조다. 따라서 한국의 기업들도 이제는 기계적인

효율주의에서 벗어나 창조적인 기업문화를 만들 수 있는 경영방식에 관심을 가져야 한다.

미국의 디자인 기업 IDEO는 직원들에게 끊임없이 새로운 도전 과제를 제시하되 충분한 기회와 정보, 자율을 부여하고 상호 협력을 권장하는 방식으로 동기를 부여한다. IDEO에서는 경험이 없고 미숙한 신입사원도 얼마든지 프로젝트의 리더가 될 수 있으며, 직원 개개인이 지닌 다양한 성격과 독특한 취향을 불편해하기보다는 오히려 장려함으로써 그로부터 창의적인 아이디어를 뽑아낸다. 이렇듯 IDEO는 계급과 집단성을 중시하는 조직 문화를 버리고 직원 개개인의 가치와 능력을 지원하는 자율적인 기업 문화를 만들어냄으로써 「비즈니스 위크」가 선정하는 산업디자인 대상을 10년 연속 수상하는 일류 디자인 업체가 될 수 있었다.

2007년 세계경제포럼(다보스포럼)에서 IDEO의 CEO인 팀 브라운은 "기업의 조직을 알카에다처럼 만들라"고 주장했다. 알카에다에는 조직원들을 관리하거나 명령하는 중앙조직이 없으며, 조직의 리더가 '목표'를 제시하면 전 세계에서 활동하는 조직원들이 알아서 행동에 나선다. 또한 한 팀에서 목표 달성에 실패하면 또다른 팀이 그 일에 뛰어드는 완벽한 자율과 협업의 조직구조를 갖추고 있다.

획일화, 표준화, 효율화는 산업화 시대의 미덕이다. 지식 중심의 정보화시대에는 상대적으로 자율과 창조를 중시하는 기업 문화가 필요하다. 창조란 아직까지 아무도 성공하지 못한 새로운 일, 새로운 기술에 도전하는 것이다. 물론 새로운 도전에는 성공할 확률보다 실패할 확률이 더 많다. 따라서 효율과 실적 중심의 기업 문화에서는 새로운 일에 도전하는 것 자체가 공연한 모험이 된다. 그런 기업 문화 속에서 일하는 사람들은 새로운 일보다는 당장 코앞에 떨어져 있는 일, 이미 성공이 확인된 일에만 매달림으로써 실적을 유지하려 한다. 하지만 이렇게 모든 사람이 실패하지 않으려고 들면 창조도 없다. 앞에서 살펴본 대로 혁신은 개선보다 6배나 경제적이다.

사실 어떤 기업이 모든 직원들에게 실패할 수 있는 권한을 준다는 것은 현실적으로 어렵다. 모든 직원이 실패하면 당장 회사가 어려움에 빠질 수 있기 때문이다. 하지만 이는 구글처럼 일정한 퍼센트 룰을 적용함으로써 어느 정도 보완할 수 있다. 구글의 경영 철학은 한 마디로 "20%의 직원은 100% 실패해도 좋다"는 뜻이나 마찬가지다.

다양한 유리제품을 생산하고 있는 미국 코닝의 웬델 윅스 회장은 한때 천국과 지옥을 오간 인물이다. 1990년대 말 그가 진두지휘했던 통신용 광섬유 부문의 성공 덕분에 코닝의 시가총액은 1,200억 달러, 주당 113달러까지 치솟았다. 그러나 IT 버블이 붕괴하자 코닝의 주가는 1달러 10센트로 급격히 폭락하며 회사도 존폐의 위기를 맞았다. 하지만 창업주는 웬델 윅스에게 책임을 묻는 대신 오히려 그를 사장으로 승진시키며 회사의 명운을 맡겼다. 결국 2005년 코닝은 적자 4년 만에 다시 흑자로 돌아선다. 웬델 윅스는 말한다.

"어떠한 결정이 정당하고 현명한 방법으로 이뤄진 것이라면 미래가 예상과 다르더라도 그 결정 때문에 비난받지 않아야 한다. 실수의 경험을 통해 교훈을 얻은 사람은 반드시 다음번엔 더 나아질 것이다. 내가 그 좋은 예가 될 것이다. 열심히 일하고 기업의 가치만 지켜낸다면 실패도 괜찮다. 그것이 코닝의 정신이다."

일본의 혼다에는 '실패상'이라는 포상제도가 있다. 한국의 KT도 실패상을 제정하여 창조적인 도전정신을 장려하고 있다. 실패를 권장해야 성공이 싹튼다는 역설의 진리를 알고 있는 기업들이다.

비즈니스맨의 진화 법칙 : 잡종우세론

잡종형 인재가 경쟁력을 높인다

식물은 언제라도 이질적인 짝을 받아들일 채비가 되어 있는 생명체다. 식물계에서는 매순간 교잡에 의해 새로운 잡종이 만들어지고, 이러한 잡종 중에서 순혈보다 우세한 종이 탄생하여 또 한 시절을 풍미하게 된다. 인재 경영의 측면에서 볼 때, 내부 인재만을 고집하고 외부 인재를 받아들이는 것에 인색한 순혈주의는 관료성을 증대시킴으로써 글로벌 시대에 경쟁력을 떨어뜨릴 수 있다. 또한 교육적·문화적·경제적 환경의 변화에 따라 전혀 새로운 인재형이 탄생하여 당대의 환경이 요구하는 인력의 질을 한 단계 향상시킬 수도 있다. 이른바 '신인류'라 불리는 신세대들은 특히 자기성취의 욕구가 강하다. 이들의 자기계발 욕구를 잘 지원하여 우수한 인재를 키우면 조직의 능력도 크게 향상될 수 있다.

20년 전의 신입사원과 지금의 신입사원의 능력을 비교해볼 수 있는 분명한 기준은 없다. 하지만 체감으로만 따져봐도 그 능력 격차는 꽤 크다. 20년 전 고도성장기의 한국에는 채용 기회도 많았다. 어지간한 대학만 나오면 어디에든 취직이 됐고, 그중에서도 상대적으로 뛰어난 인재들은 졸업 전에 취업이 되기도 했다. 그러나 지금의 상황은 완전히 다르다. 일류대학을 졸업해도 취업이 힘들다는 소위 '이태백'의 시대다. 치열한 입사 경쟁에서 살아남으려면 대학 입학과 동시에 토플시험을 보고 어학연수를 다녀오는 등 취업 준비를 해야 한다. IT 기술을 완벽하게 마스터하고 인턴 과정을 통해 사전 학습을 하기도 한다. 요즘에는 미국에서 MBA 과정을 이수하거나 박사 학위를 소지한 인재도 많다.

20년 전의 신입사원이 국내 수준의 자질을 갖추고 있었다면, 지금의 신입사원들은 글로벌 수준의 자질을 갖추어가고 있다. 직업관도 많이 바뀌어서 과거에는 '평생직장'의 개념이 지배적이었지만 지금은 '평생직업'이라는 개념이 지배적이다. 평생 '한 직장'에서 일한다는 개념이 아니라 평생 '한 분야'에서 일한다는 것이다. 이렇듯 한 분야에서 전문가가 되려면 꾸준히 자기계발을 할 수밖에 없다. 직업관의 변화가 비즈니스맨의 상향 평준화를 이끌고 있는 것이다.

비즈니스맨의 욕구 진화는 다섯 단계를 거쳐 진행된다. 처음에는 생존을 위해 어떠한 일, 어떠한 직업이라도 얻기 위해 동분서주한다. 하지만 일단 생존의 문제가 충족된 이후에는 보다 신뢰성 있고 명성이 좋은 조직에 소속되려고 노력한다. 그렇게 직장 문제가 안정되고 나면 이제는 더 많은 돈을 벌 수 있는 능력을 갖추기 위해 노력하게 된다. 그리고 어느 정도 재무적인 안정을 찾게 되면 자아실현에 관심을 돌리게 된다. 바로 이 단계에서부터 '차별적 능력'이 발휘되기 시작하는 것이다.

5장

리더십도
진화한다

구글과 야후의 차이

야후는 '인터넷 시대'를 열어젖힌 명실상부한 스타 기업이다. 야후의 창업자인 제리 양은 중국계 미국인으로 스탠퍼드 대학 출신의 24살 젊은이였다. 야후는 1994년에 포털 사업을 시작한 이래 고속 성장을 거듭해왔다. 1996년에는 기업공개를 통해 끌어모은 자금으로 새로운 기술 개발에 매진, 검색엔진 시장에서 1인자 자리를 굳건히 지켰다.

야후는 한때 구글을 손에 넣을 수 있었다. 하지만 야후는 스스로 이 기회를 버렸다. 1998년 구글의 창업자들이 자신이 개발한 검색엔진을 야후에 팔려다가 거절당한 것이다. 만약 이때 야후가 구글의 제안을 받아들였다면 오늘의 구글은 존재하지 않았을 것이다. 야후는 2001년에 새로 개발한 검색엔진이 성공을 거두자 자신감을 갖고 더이상 검색엔진에 대한 투자를 하지 않았다. 그 대신 워

너브러더스에서 테리 시멜을 CEO로 영입하고 영화, 음악 등 미디어 사업을 강화해나간다. 그러나 이러한 전략은 결과적으로 잘못되었음이 증명되었다. 야후가 미디어 사업에 모든 자원을 집중하는 동안 구글은 검색엔진 시장에서 급성장을 했다. 반면 야후의 미디어 사업은 부진을 면치 못했다.

2007년 제리 양이 다시 CEO로 복귀하지만 이미 검색엔진 시장은 구글에 넘어간 뒤였다. 당시 구글의 시장점유율은 66%에 달했다. 그후 야후는 검색엔진 시장의 선두권 탈환을 지속적으로 도모하지만 구글을 능가할 수 있는 새로운 서비스가 없이는 불가능해 보인다. 결국 야후는 마이크로소프트로부터 42조 원에 매입하겠다는 제안을 받는 지경에 이르렀다. 이러한 상황에서 이제는 오히려 구글이 이를 견제하기 위해 야후를 지원하겠다고 밝힌 바 있다.

야후와 구글의 차이는 무엇일까? 구글의 창업자인 페이지와 브린도 제리 양과 마찬가지로 스탠퍼드 대학 출신이다. 페이지와 브린은 애초에 박사 학위 논문을 쓰기 위해 검색엔진을 개발했다. 처음에는 사업을 할 생각이 없었기 때문에 검색엔진을 팔기 위해 야후를 찾아갔던 것이다. 그러나 야후가 이를 거절하자 자신들이 직접 사업을 하기로 결정한다. 구글은 철저하게 이용자 중심으로 검색엔진을 설계했고, 사업을 시작하고서도 좋은 검색엔진을 만드는 데 주력할 뿐 광고 유치에는 신경도 쓰지 않았다.

구글의 경영 철학은 "사악해지지 말자(Don't be evil)"다. 구글은 검색엔진이 최적의 결과를 얻게만 해준다면 자연히 사용자가 늘고 수익도 따라올 것이라고 생각했다. 그후 광고를 유치하면서도 초기 화면이나 검색 결과에는 광고를 노출시키지 않고 깔끔한 검색 결과만 보여줌으로써 이용자들의 사랑을 받았다. 구글은 검색어 광고 방식인 '애드워즈(Adwards)'를 개발하여 소액 광고주들을 끌어 모으고, 세계 광고주 및 네티즌들을 위한 수익 배분 프로그램 '애드센스(Adsense)'를 개발하여 새로운 광고시장을 개척했다. 지금도 구글의 창업자인 페이지와 브린은 검색엔진에만 집중하며 유능한 인재를 끌어모아 새로운 서비스를 속속 추가하고 있다. 구글의 뛰어난 상품들은 네티즌들이 온라인 공간에서 개방과 참여의 문화를 확산시키는 데 일조하고 있다.

이렇듯 구글은 지식형 산업을 어떻게 경영해야 하는지를 잘 보여주고 있다. 2007년 세계 검색엔진의 시장점유율은 구글이 66%, 야후가 13%, 마이크로소프트가 3.5%였다. 마이크로소프트가 야후를 인수한다고 해서 과연 구글을 앞지를 수 있을까?

비즈니스 3.0 시대

비즈니스의 형태도 시대에 따라 몇 번의 진화를 해왔다. 1911년에 프레더릭 테일러가 '과학적 관리법'을 제창하면서 근대적인 기업 경영 체제가 시작되었고, 1913년에 헨리 포드가 컨베이어 생산방식을 만들어 현대식 대량생산 체제를 구축하였다. GM과 포드로 대표되는 과학적 경영 관리법은 비즈니스 1.0이라고 할 수 있다.

　1970년대를 기점으로 하는 비즈니스 2.0은 피터 드러커와 마이클 포터 등 경영학의 대가들이 주창한 전략 경영, 혁신 경영의 시대다. 이 시기에는 전략과 혁신을 키워드로 하여 리엔지니어링, 벤치마킹, 다운사이징, 6시그마 등 다양한 경영 기법이 등장하게 되면서 경영 기법의 르네상스가 시작된다. 잭 웰치가 이끄는 GE와 앤디 그로브가 이끄는 인텔 등이 비즈니스 2.0 시대의 대표 주자들이다.

디지털 기술이 확산되면서 경영은 창조와 혁명의 시기를 맞고 비즈니스 3.0으로 업그레이드된다. 구석구석을 쥐어짜는 효율 중심의 경영 방식보다는 창의력과 상상력을 바탕으로 새로운 사업 기회를 만드는 것이 경영의 키워드가 된 것이다. 구글과 애플은 경영에 창의력을 불어넣어 전혀 새로운 소비 문화를 창조하는 비즈니스 3.0 시대의 대표 기업들이다.

한국 기업들 중에는 아직도 비즈니스 1.0 방식에서 벗어나지 못한 경우도 있지만 대부분 비즈니스 2.0 방식으로 운영되고 있다. 그동안 한국 기업들은 미국이나 일본의 선진 기술을 재빠르게 모방해 따라잡는 캐치업(Catch-up) 전략을 구사해왔다. 제품 품질을 개선하고 생산 효율을 높여 경쟁력을 유지해왔던 것이다. 그러나 현재 중국이나 인도 등 후발산업국들의 맹추격으로 커다란 진보 없이 점진적 개선만으로는 격차를 유지하기 힘들게 됐다. 이제는 한국 기업들도 비즈니스 3.0 방식으로의 창조적 전환을 통해 후발산업국들이 만들어내지 못할 만한 전혀 새로운 가치를 창출해야 한다.

소비자와 시장이 너무 빨리 변하고 있다. 시장에서는 획일성보다 개별성이 부각되고, 소비자들은 기술보다 감성과 재미를 중시하고 있다. 이런 환경 속에서 과거처럼 외국의 선진 기업을 벤치마킹하여 비슷한 제품을 싸고 빨리 만드는 방식은 더이상 유용하지 않다. 창조적 발상으로 남들이 못 만드는 제품을 만들어야 한다.

이제는 사업 방식도 바뀌어야 한다. 과거와 같이 모든 것을 자기 기업 안에서만 처리하려고 하는 자체 완결형으로는 빠른 변화에 대응할 수 없다. 개방을 통해 글로벌 자원을 적극 활용하고 가치 창조의 관점에서 사업모델을 신축적으로 운영해야 한다.

이렇듯 사업 분야와 방식을 창조적으로 전환하려면 조직 문화가 우선 변해야 한다. 성과만 강조하는 조직 문화 속에서는 실패를 감수하거나 새로운 일에 도전하기가 힘들다. 창의성을 독려하고 실패를 인정하는 자유롭고 도발적인 분위기에서 새로운 아이디어가 나온다. 또한 다양한 인재를 끌어들여 구성원들 간에도 일상적인 창의력 경쟁이 이루어지도록 유도해야 한다.

① 시기 ② 키워드 ③ 대표 기업

비즈니스 3.0	① 2008년~ ② 창조와 혁명 ③ 구글, 애플
비즈니스 2.0	① 19760~2007년 ② 진보와 혁신 ③ GE, 인텔
비즈니스 1.0	① 1910~1969년 ② 분업과 표준 ③ 포드, GM

비즈니스 전략 변천사

이러한 조직 문화를 만들어내기 위해서는 무엇보다 리더가 먼저 변해야 한다. 아무리 비즈니스의 버전이 업그레이드를 거듭해왔다 하더라도 리더의 중요성은 전혀 줄어들지 않았다. 오히려 비즈니스가 진화할수록 리더의 중요성은 커지고 있다. 바로 이것이 비즈니스의 진화에 따라 리더십도 진화할 수밖에 없는 이유다.

잭 웰치의 경영 지침서를 찢어버려라

잭 웰치는 25세에 GE에 입사하여 21년 만에 회장에 취임하는 등 초고속 성장을 거듭한 샐러리맨의 신화였다. 그는 회장에 취임하자마자 100년이 넘어 노쇠해진 GE를 개혁하기 시작했다. 그는 무슨 일이든 혼자서 생각하고 확신이 생기면 용감하게 행동으로 옮겼다. 그는 "세계 1, 2위가 되자. 그렇지 못한 사업은 매각하거나 정리한다"라고 결심하고 과감한 구조조정을 실시했다. 그는 10만 명이 넘는 직원을 해고하면서 '중성자탄 잭(Neutron Jack)'이라는 별명을 얻었다. 알다시피 중성자탄은 근거리를 제외하고는 건물이나 차량 등을 파괴하지 않고 원거리에 있는 사람과 동물에게만 치명적인 살상 효과를 끼치는 무기다.

잭 웰치는 자신의 이념을 전파하기 위해 연수원까지 세워 전 직원들을 끊임없이 교육했다. 그는 자신의 주요 경영 이념을 4가지로 요약하여 '3S1B'라고 명명했다. 신속한 의사결정(Speed), 업무 처리의 단순화(Simplicity), 사원의 자신감 회복(Self confidence), 그리고 벽 없는 조직(Boundarylessness)이다. 그는 이 3S1B를 워크아웃(Workout)이라는 프로그램을 통해 전파시켜나갔다.

그는 단순한 혁신 프로그램과 칼날처럼 예리한 평가 방식을 도입하여 GE에서 낡은 관료주의를 도려냈다. 그의 지휘 아래 GE의 모든 직원들은 A, B, C 등급으로 분류되었다. 그는 A등급에게는 인센티브를 주고 C등급의 10%를 해고시켰다. 혁신의 효과가 어느 정도 눈에 보이자 그는 이를 시스템으로 정착시키기 위해 식스시그마(6Sigma)를 도입했다. 발전설비, 제트엔진, 금융과 같이 기술 변화가 크지 않은 산업 부문에서는 품질관리와 프로세스 개선만으로도 효과가 있다고 보고 식스시그마 운동을 적극 추진했다.

잭 웰치의 경영원칙은 일곱 가지로 요약된다.

· 시장의 선두주자가 되라

· 몸집을 키워 시장을 장악하라

· 주주가 최고다

· 최고의 인재를 등용하라

· 리더의 결단력을 강화하라

· 가볍고 날렵한 조직으로 혁신하라

· 능력을 소중히 하라

1980년대까지 GE의 경영 방식은 한마디로 '무색무취'였다. 어마어마한 몸집을 유지하려면 역사와 전통, 그리고 관료주의에 기반을 둔 보수적인 경영 전략이 그런대로 유용했기 때문이다. 이런 환경에서 잭 웰치의 강력한 리더십은 실로 파괴적이었고 그 효과는 직접적이었다. 당시에는 다른 대형 기업들도 대체로 보수적인 관리 방법을 운용하고 있었기 때문에 GE의 개혁은 업계에도 큰 충격으로 받아들여졌다. 결과적으로 GE는 잭 웰치의 개혁 프로그램 덕분에 다시 세계 1~2위권의 기업으로 거듭날 수 있었다.

그러나 경제지 「포천」은 제왕적 리더십이 영원히 유효한 것은 아니라는 점을 지적하고 있다. 2006년 7월 17일자 「포천」지에 실린 기사의 제목은 이랬다.

"잭 웰치의 경영 지침서를 찢어버려라."

이 기사는 잭 웰치의 경영 전략이 한때 주식회사 미국의 경영 바이블로 통했으나 이제는 낡은 경영 이론이 되어 경영 현장에서 퇴장하고 있다고 주장했다. 「포천」지가 제안하는 21세기형 경영 방식은 다음과 같다.

첫째, '시장의 선두주자가 돼라'는 일등주의를 버리고 틈새시장을 찾아 새로운 것을 창조하라.

둘째, '몸집을 키워 시장을 장악하라'는 원칙을 버려라. 기업은 무조건 규모를 키우는 것보다 민첩한 것이 좋다.

셋째, '주주가 최고'라는 주주 가치 경영보다는 '고객이 왕'이라는 고객 중심의 마인드로 바꾸어라. 고객을 만족시키지 않고는 기업의 가치를 높일 수 없다.

넷째, '최고의 인재를 고용하라'라는 원칙에서 벗어나 열정적인 사람을 고용하라.

다섯째, 카리스마 있는 CEO보다는 용기 있는 CEO를 고용하라. 요즘의 경영 환경은 카리스마를 내세운 결단력 있는 CEO보다는 비전을 가지고 용기 있게 실행하는 CEO를 요구한다.

여섯째, 가볍고 날렵한 조직은 내부에서 추구할 것이 아니라 외부에서 찾아라. 구조조정 등의 폭력적 방법을 통한 내부 혁신보다는 외부에서 기업 이익을 높일 수 있는 방법을 모색해야 한다.

일곱째, 능력보다는 영혼을 소중히 여겨라. 능력만으로 직원을 채용하여 인재 사관학교를 만드는 것보다는 직원의 영혼을 사로잡고 열정적인 직원에게 기회를 주는 기업이 되어야 한다.

잭 웰치의 후임으로 취임한 제프리 이멜트는 '웰치 스타일'을 벗고 다시 새로운 GE를 만들어가고 있다. 2006년 1월, GE의 고위 임원 600명이 모인 연례모임에서 그는 "나는 황제 CEO가 되려고 이 직책을 맡은 것이 아니다. 구태의연한 모습에서 탈피해야 한다."고 말하며 잭 웰치의 방식에서 벗어날 것을 요구했다. 대신 이멜트는 새로운 '성장 리더십'을 제시했다.

"리더십은 더이상 경영과학이 아니다. GE의 리더는 관리자가 아니라 성장 리더가 되어야 한다."

그는 지난 2004년부터 GE의 고위 임원 600명과 세계의 수준급 기업들의 리더 특성을 조사해 '성장 리더의 특성'을 뽑아냈다. GE는 성장 리더가 갖춰야 할 특성으로 다음의 다섯 가지를 꼽고 있다.

첫째, '외부세계에 대한 집중력' 이다. 자신이 속한 산업 분야와 부서에서 일어나는 고객의 욕구, 시장의 역동성, 산업 트렌드와 경쟁 환경을 얼마나 잘 이해하는지를 측정한다.

둘째, '명확하게 생각하는 능력' 이다. 전략을 단순화하고 효과적인 결정을 내려 우선순위에 맞게 의사소통을 한다.

셋째, '상상력' 이다. 사람들이 위험부담을 안고 새로운 아이디어에 도전하려면 상상력이 무엇보다 중요하다.

넷째, '포용력' 이다. 직원들을 포용하고 연결함으로써 팀의 활력을 불어넣어 충성과 헌신을 이끌어낼 수 있어야 한다. 이 역시 '중성자탄 잭' 과는 전혀 다른 방식이다.

다섯째, '전문성' 이다. 미래에 대한 분명한 관점과 확신을 갖기 위해서는 성장에 큰 영향을 주는 산업과 부서에 대한 전문지식을 가져야 한다.

식스시그마란?

1995년 GE의 잭 웰치에 의해 주창된 것으로 알고 있는 사람이 많으나, 식스시그마는 원래 1986년 모토로라의 빌 스미스가 최초로 고안한 품질관리 기법이며 모토로라가 등록해놓은 상표이기도 하다. 정규분포 시그마(σ)의 6표준편차, 즉 100만 개 중 3.4개의 불량률(Defects per million opportunities, DPMO)을 추구한다는 의미로 명명되었다.

과거의 품질 경영, 품질관리 기법 등에 비해 식스시그마는 몇 가지 근본적인 차이가 있다. 과거의 품질관리 기법들은 생산라인 중심의 제조업적 사고에 기반하고 있는 데 비해 식스시그마는 통계적 사고를 바탕으로 '경영 활동 전반'에 걸친 업무 프로세스를 혁신한다는 목적을 갖고 있다. 또한 과거의 품질관리 기법들이 주로 '추상적'이고 '정성적(定性的)'인 목표를 추구한 데 비해 식스시그마는 '구체적'이고 '정량적(定量的)'인 목표 설정을 요구한다. 즉, 식스시그마는 선언적 수준의 캠페인이 아니라 경영 활동 전반에 걸친 과학적·실무적 혁신 프로그램이라 할 수 있다.

식스시그마는 기업에서 완벽에 가까운 제품 혹은 서비스를 개발하고 제공하려는 목적으로 문제를 전략적으로 정의하고 현재의 수준을 정량적으로 평가한 다음, 이를 개선하고 개선 상태를 유지 관리하는 실무적 방법론이다. 특히 잭 웰치의 GE로 대표되는 1990~2000년대의 비즈니스 생태계에서 식스시그마는 수많은 기업과 경영인들이 경영혁신을 위한 도구로 경쟁적으로 도입함으로써 전 세계적으로 큰 붐을 일으켰다.

그러나 식스시그마의 어원이 의미하듯이 그 구체적이고 정량적인 목표들은 다분히 도전적이고 공격적이기 때문에 혁신의 추구 과정에서 자칫 참여자들의 반발이나 모욕감을 유발할 수도 있고, 목표 달성에 실패했을 경우 조직 문화가 침체되고 혁신 무용론에 빠지는 등 갖가지 부작용을 낳을 수 있다는 한계를 안고 있다. 특히 GE의 성공 사례에 고무된 한국의 기업과 공공기관들은 앞 다퉈 GE 방식의 식스시그마를 도입하고 있지만, GE의 식스시그마를 성공으로 이끌었던 '타운미팅(Town Meeting)' 등 개방적이고 창의적인 조직 문화 없이 그 기술적 방법론만 도입함으로써 이미 많은 문제와 한계를 드러내고 있는 실정이다.

또한 "잭 웰치의 경영 지침서를 찢어버려라"라는 과격한 구호에서도 알 수 있듯이, 글로벌 비즈니스의 축이 효율화와 성과주의가 최우선의 가치였던 제조업 중심의 산업화시대에서 자율성에 기반을 둔 창의성이 그 어느 때보다 중시되는 지식정보화시대로 이행하는 상황에서 식스시그마의 방법론은 이미 시대적 효용을 다했다는 주장도 제기되고 있다.

'불완전한 리더'의 성공학

1970년대에 세계적으로 가장 주목받았던 경영자는 일본 마쓰시타의 설립자이자 '경영의 신(神)'이라 불리던 마쓰시타 고노스케였다. 1980~1990년대에는 미국의 잭 웰치가 전 세계 경영인의 우상이었다. 사람들은 그의 책을 읽거나 강연을 듣고 말 한마디 행동 하나까지 따라했다. 당시 잭 웰치는 완벽한 리더인 것처럼 보였다. 그러나 어느 시대, 어느 조직에도 완벽한 리더란 존재할 수 없다. 우리는 완벽한 리더가 존재할 것이라는 허상부터 깨야 한다.

MIT 경영대학원의 데버러 안코나 교수팀은 지난 6년간 수백 명의 기업체 임원들을 인터뷰하면서 "오히려 불완전한 리더가 이 시대에 더 효과적인 모델이라는 것을 발견했다"고 하버드비즈니스리뷰(2007년 2월)를 통해 발표했다. 그들의 분석에 따르면, 21세기에 성공한 리더들은 대체로 네 가지 유형의 능력을 가지고 있는데, 어떤 리더도 이 네 가지를 모두 갖추고 있을 수는 없다고 한다. 여기서 네 가지 능력이란 '트렌드 파악' '감성 리더십' '비전 제시' '방법 도출'이다. 바람직한 리더가 되려면 이 네 가지 능력을 모두 갖추려고 하기보다는 약한 부분을 파악하여 그 부분을 보완하려는 노력을 해야 한다는 것이다.

트렌드 파악

새로운 기술이 해당 산업 전반을 어떻게 바꿀까? 노동시장의 글로벌화가 신입사원을 뽑는 데 어떤 영향을 끼칠 것인가? 여러 변화의 흐름 중에서도 특히 자신의 기업에 중요한 부분을 집어낼 수 있어야 한다. 대표적인 트렌드 리더는 전(前) 인텔 회장인 앤디 그로브를 꼽을 수 있다.

감성 리더십

네트워크 중심으로 돌아가는 비즈니스 세계에서 돈독한 인간관계를 구축하는 것은 효율적인 리더십의 필수 덕목이다. 관계가 제대로 구축돼 있지 않으면 직원들이 고립되고 저마다 다른 일을 하게 된다. 사우스웨스트항공의 전 CEO 허브 캘러허는 관계 맺기에 남다른 능력을 보였다고 한다. 그는 이렇게 말했다.

"우리는 고객에게 감정을 실어서 말합니다. '여러분을 사랑합니다'라고 기꺼이 말합니다. 실제로 그렇기 때문입니다."

비전 제시

비전은 사업에 대한 집중력과 변화를 위한 에너지를 만들어낸다. 비전 제시에 뛰어난 지도자들은 미래에 대한 꿈으로 구성원들을 흥분시킬 줄 안다. 비전이 없는 조직은 목표가 결여돼 침몰하기 쉽다. 애플의 CEO 스티브 잡스는 특히 비전 제시에 독보적인 재능을 보인 리더다.

방법 도출

아무리 호소력 있는 비전이라고 해도 현실과 유리되면 아무 쓸모가 없다. 이베이의 CEO 멕 휘트먼은 회사 설립자인 피에르 오미디야르가 온라인 시장에 대해 품고 있던 비전을 실현할 수 있는 구체적인 방법을 제시했다. 오미디야르는 이베이의 창업 동기에 대해 "모든 사람이 정보에 대해 동일한 접근권을 가지고 있는 온라인 시장이 꿈이었다"고 말한 바 있다. 그리고 휘트먼은 이러한 오미디야르의 꿈을 현실로 이루기 위해 온라인 보안 문제와 구매자 신용도 관리 등을 해결할 방법을 찾아냈다.

마마가 아마조네스를 이겼다?

미국의 재계에서도 여성 리더로 성공한 사람은 그리 많지 않다. 성공한 여성 CEO로 대표적인 인물은 HP의 전 회장이였던 칼리 피오리나와 이베이의 멕 휘트먼 회장이 있다. 이 두 여성 리더는 세계적인 IT 기업의 CEO라는 점에서 공통점이 있지만 리더십에는 많은 차이가 있다. 칼리 피오리나는 카리스마 리더십의 소유자인데 비해 멕 휘트먼은 따뜻한 리더십을 보여주고 있다.

칼리 피오리나는 스탠퍼드 대학을 다닐 때 HP에서 임시직으로 근무한 적이 있다. 학교를 졸업하고 난 뒤에는 AT&T의 네트워크 사업부문의 영업직으로 입사한다. AT&T에 입사한 그녀는 명석한 두뇌와 타고난 적극성으로 오래지 않아 뛰어난 업적을 인정받게 된다. 그녀는 35세에 AT&T의 네트워크 부문에서 최초의 여성 임원이 되었고 40세에는 북미 담당 임원으로 승진한다. 그리고 1996

년, 그녀는 AT&T로부터 루슨트 테크놀로지를 분사시켜 30억 달러 수익을 올리고 이 회사의 글로벌 비즈니스 최고책임자가 된다.

이 무렵 HP는 새로운 CEO를 외부에서 영입하기로 결정하고 다른 기업에서 우수한 업적을 보여준 CEO를 물색한다. 그리고 칼리 피오리나는 100대 1의 경쟁을 뚫고 HP의 회장으로 취임했다. 그녀의 남편 프랭크는 아내가 HP라는 글로벌 기업의 CEO가 되자 유능한 아내를 돕기 위해 다니던 회사를 사직하고 집안일을 떠맡아 화제가 되기도 했다.

HP 역사상 처음으로 취임한 여성 CEO인지라 내부 저항도 만만치 않았지만 그녀는 특유의 카리스마로 이 난관을 돌파한다. HP의 설립자인 휼렛 가문과 의견이 맞지 않을 때도 그녀는 이사회를 설득하여 자신의 의견을 관철하는 용기와 추진력을 보여주기도 했다. 휼렛 가문에서는 이사회의 결정이 부당하다며 소송을 제기했지만 칼리 피오리나는 법정까지 가서 끝내 승리함으로써 휼렛 가문을 축출하는 데 성공한다. 그리고 그녀는 PC 사업에서 1위가 되기 위해 컴팩(Compaq)을 인수하기로 결정한다.

칼리 피오리나는 1998년부터 이후 몇 년 동안 「포천」지에서 선정한 '세계에서 가장 영향력 있는 여성 기업인'으로 뽑혔다. 그러나 2002년 주주와 중역들의 거센 반발을 무릅쓰고 강행한 컴팩 인수 이후에 HP의 주가가 계속 하락하자 미래 전략을 둘러싼 이사회와의 갈등으로 그녀는 2006년 2월에 회장직을 사임하게 된다. 사실상 쫓겨난 것이다.

　세계 최대의 온라인 경매 사이트 이베이의 회장 멕 휘트먼은 여성 CEO로서 칼리 피오리나와는 다른 스타일의 리더십을 보여주고 있다. 그녀가 온라인 업계에서 여제(女帝)로 통하는 것은 인간미와 함께 분석력이 뛰어나기 때문이다. 그녀는 오로지 자신의 노력으로 성공한 전형적인 자수성가형 억만장자다. 그렇게 되기까지 그녀는 철저한 자기 경영을 해왔다. 그녀는 프린스턴 대학을 거쳐 하버드 비즈니스스쿨 경영학 석사(MBA)를 공부했다. P&G에서 브랜드 매니저로 일하면서 능력을 인정받았고, 이후 베인&컴퍼니로 옮겨 8년간 컨설턴트로 일했다. 이후 월트디즈니, FID 등으로 옮길 때마다 직급도 높아지고 수입도 올랐다.

　한창 승승장구하던 그녀는 1998년 직원이 고작 30명밖에 되지 않는 이베이로 자리를 옮겼다. 그러한 결정이 있기까지 창업자 피에르 오미디야르의 끈질긴 설득이 있었다고 한다. 오미디야르는 "누구에게나 어떤 물건이든 사고판다"는 자신의 비즈니스 모델을 확신하고 어마어마한 스카우트 비용을 지불하며 휘트먼을 영입했던 것이다.

　이후 휘트먼은 컨설턴트 시절에 익힌 치밀한 데이터 분석력으로 이베이를 초고속 성장 궤도에 올려놓는다. 그녀는 경매 사이트의 특성상 고객의 소속과 성향을 분석하기 힘들다는 딜레마에 굴복하지 않고 하루에도 수백만 번씩 들락거리는 네티즌들의 특성을 정

굿바이 침팬지

확하게 분석하는 데 성공한다. 그리고 그 분석 결과를 이용해 시시각각 변하는 온라인 상황에 꼭 필요한 '맞춤형 대책'을 내놓는다. 6월에는 월요일에 네티즌의 방문이 가장 뜸하므로 6월 월요일마다 공짜상품을 집중 투입하는 식이었다.

이러한 그녀의 능력만큼이나 그녀를 여성CEO로서 대성하게 만든 것은 그녀 특유의 '인간적인 따뜻함'이었다. 그녀는 자칫 독선으로 흐르고 팀워크를 해칠 수도 있는 자신의 분석적이고 전략적인 능력과 결단력을 따뜻한 인간미로 보완했다. 이베이 임원들과 함께 인도로 출장을 가던 그녀는 테헤란 상공에서 한 임원이 극심한 복통을 호소하자 가장 가까운 도시인 터키 이스탄불에 비상착륙하도록 지시했다. 그녀는 아픈 임원과 함께 구급차를 타고 병원으로 가서 몇 시간 동안이나 같이 있다가 런던으로 후송된 후에야 다시 인도로 향했다.

그녀는 이렇게 말한다.

"나에게 사람보다 소중한 것은 없다. 나는 이베이를 사랑하고 그 안에 있는 사람들을 사랑한다. 그래야 회사가 곧 내 삶이 되고 더욱 신중하고 철저하게 경영 전략을 세울 수 있게 된다."

멕 휘트먼은 인수합병에도 적극적이었다. 아시아 시장 진출을 위해 그녀는 한국의 인터넷경매 업체 옥션과 인터넷전화 업체 스카이프를 인수한 바 있다. 2002년에는 15억 달러를 들여 인터넷 결제 업체인 페이팔(PayPal)을 인수하여 기업의 규모를 키웠다. 현재 페이팔은 이베이 매출의 25%를 담당할 정도로 규모가 커졌다.

칼리 피오리나와 비교할 때 맥 휘트먼의 리더십에는 다음과 같은 장점이 있었다.

선견지명 : 미래를 한발 앞서서 예측하고 준비하고 적응할 수 있는 선도력.

창의성 : 회사의 미래를 결정하는 힘은 경영자의 창의적 능력에서 나온다.

용병술 : 슈퍼맨이라 하더라도 CEO 혼자 모든 일을 해결할 수는 없다.

인간미 : 경영자에게는 따뜻하고 순수한 가슴으로 구성원들을 감싸주려는 배려의 마음이 있어야 한다.

배움에 대한 열정 : 바쁘다는 핑계로 경영자가 공부를 게을리 하면 회사는 더 이상 발전하지 못한다.

후임자 양성 : 아무리 유능한 경영자라 하더라도 그 능력과 효용이 영원할 수는 없다. 후임자를 양성하고 적절한 시기에 물러설 수 있어야 한다.

미국 재계의 우먼파워를 대표하는 칼리 피오리나와 멕 휘트먼을 비교할 때 흔히 "마마가 아마조네스를 이겼다"는 표현이 즐겨 인용된다. '엄마' 같은 따뜻한 리더십이 '아마조네스' 처럼 전투적인 카리스마를 이겼다는 의미다.

직원을 입양하는 기업

원래 닛산은 일본의 자동차 업체들 중 선두였지만 도요타에 1위 자리를 내준 지 오래다. 심각한 관료주의에 빠진 닛산이 급기야 파산 위기에 몰리자 프랑스의 르노자동차가 닛산을 인수한다. 2000년 르노자동차에서 파견된 카를로스 곤 회장이 닛산의 CEO로 취임하면서부터 뼈를 깎는 구조조정이 시작된다. 그는 취임하자마자 엄청난 인력을 줄이고 경비를 절감하여 1년 만에 회사를 흑자로 전환시켰다. 그는 "2002년 말까지 부채를 절반으로 줄이고, 2005년 9월까지 세계시장 판매 대수를 100만대 늘인 360만 대로 상향 조정한다"는 목표를 제시했고, 실제로 이를 이루어냈다. 그가 잭 웰치 이후 가장 뛰어난 경영자로 평가받는 이유다.

그러나 카를로스 곤의 업적주의는 현재 심각한 딜레마에 봉착해 있다. 지나치게 실적만 강조하다보니 팀워크가 무너지고 품질 저하, 기술 개발 부진 등의 부작용이 나타나기 시작한 것이다. 도요타와 혼다에서 신제품이 쏟아져 나오는 동안 닛산에서는 신제품이 뜸했다. 품질도 하향되어 미국 시장에서 리콜이 갈수록 늘고 있는 형편이다. 차량 화재로 230억 엔(1,730억 원)을 보상하기도 했다.

이렇듯 품질 문제가 발생하는 것은 경비 절감으로 협력업체가 납품하는 부품의 품질이 낮아지고 본사의 조립시간도 과도하게 단축시켰기 때문이다. 결국 닛산은 자동차 업계 2위의 자리를 혼다에 내주고 말았다.

사우스웨스트항공의 허브 캘러허 회장은 '서번트 리더십', 즉 자신을 낮추고 직원들에게 봉사하는 리더십으로 직원의 사기를 높인다. 그의 경영 철학은 "가장 낮은 비용으로 서비스를 하되 가장 고귀한 정신으로 고객을 대한다"는 것이다. 사우스웨스트는 "버스 요금으로 비행기를 탄다"를 슬로건으로 내세우는 업체다. 따라서 낮은 요금을 유지하기 위해 항상 비용 절감에 집착할 수밖에 없다. 비용 절감을 강조하다보면 직원들의 급료를 후하게 줄 수 없고 회사 운영도 긴축적으로 운영할 수밖에 없다. 그러면서도 고객 서비스를 잘하기 위해 '고귀한 정신'을 유지해야 한다고 역설한다. 이러한 모순적 상황을 해결한 것이 바로 허브 캘러허의 서번트 리더십이다. 직원들이 가족처럼 편안하게 대하고 일하는 재미와 유머가 넘치는 직장을 만드는 것이다.

허브 캘러허 회장은 회사의 핵심가치를 '사랑'으로 정하고 사원

굿바이 침팬지

을 채용할 때도 '채용(Selection)'이라는 용어보다는 '입양 (Adoption)'이라는 용어를 사용한다. 사우스웨스트항공에서는 상사가 부하 직원에게 일방적으로 지시를 내리지 않는다. 상사는 부하 직원들을 지도하고 그들이 일을 잘할 수 있도록 돕는 역할을 한다. 설사 불가피하게 훈계나 지시를 해야 할 경우에도 최대한 정중하게 한다는 원칙을 지킨다.

사우스웨스트항공을 컨설팅해온 휴잇(Hewitt Associates)에 따르면, 사우스웨스트는 펀(Fun) 경영으로 경쟁우위(Competitive Adventage)를 점하고 있는 것이 아니라 사실은 경쟁사보다 높은 근무 강도와 평범한 급여를 받아들일 만큼의 업무와 관계를 즐기는 직원을 채용하고 이들을 격려, 유지하기 위해 펀 경영을 개발하게 된 것이라고 한다.

리더는 구성원들을 항상 칭찬하고 격려하여 그들이 최대한 능력을 발휘할 수 있도록 유도해야 한다. 긍정적이고 유머 넘치는 리더의 태도는 이에 좋은 방식이 된다. 사우스웨스트는 이러한 경영 철학과 조직 문화가 약화될 것을 염려하여 1992년에 '문화위원회'라는 조직을 만들었다. 말하자면 조직 내에 사랑과 배려, 일하는 재미가 넘쳐날 수 있도록 지원하고 확인하는 조직이다. 사우스웨스트는 1998년 이후로 「포천」지가 선정한 '가장 일하기 좋은 100대 기업'에 매년 선정되고 있다.

전통적 리더와 서번트 리더 비교

전통적 리더	범주	수정자본주의
일의 결과	관심 영역	일 추진 외 장애 요인
자기 중심적, 자기 기준에 따른 지시와 감독	가치관	개방적, 사람을 믿고 수용, 긍정적, 유머
시켜서 결과를 만들어내도록 하는 대상	사람에 대한 견해	도와주어야 할 성공과 성장의 대상
과제가 우선	과제와 사람의 중요성	사람이 우선
상명하복	상하관계	존중과 관심
자기 방식 강조	업무 추진 방식	아이디어 구함
시간과 경비, 생산량 등 양적인 척도 중시	생산성	구성원의 자발적 행동이냐 아니냐를 중시
시간이 항상 없다	시간 관념	스스로 시간을 만듦
내부 경쟁 조장, 경쟁 메커니즘 고안	경쟁에 대한 시각	과다 경쟁 경계, 모두 잘할 수 있다는 신념 강조
결과 중심	평가	노력 평가

펀(Fun) 경영이란, 기존의 관료적인 조직 문화를 지양하고 신나고 재미있는 조직 문화를 통해 일의 능력을 고양하고 구성원들의 창의성을 극대화하는 신경영 기법을 말한다. 기업 문화와 리더십의 새로운 대안으로 펀 경영이 갈수록 인기를 끌고 있는 것은 무엇보다 미국의 사우스웨스트항공과 구글이라는 대표적인 성공 사례 덕분이라고 할 수 있겠다.

미국의 조직 개발 전문가인 레슬리 여키스(Leslie Yerkes)는 자신의 저서 『Fun Works』를 통해 펀 경영의 11가지 원칙과 대표 사례를 다음과 같이 소개하고 있다.

원칙 1. 업무 수행의 자유를 허용하라 – 파이크 플레이스 사

원칙 2. 편견에 도전하라 – 하버드 대학 급식사업부

원칙 3. 즉흥성을 활용하라 – 사우스웨스트항공 사

원칙 4. 과정을 믿어라 – 임플로이즈 사

원칙 5. 재미를 느끼는 다양한 방식을 존중하라 – 블랙보드 사

원칙 6. 경계를 확장하라 – 프로세스 크리에이티브 주식회사

원칙 7. 진정성을 지녀라 – 아일 오브 카지노 주식회사

원칙 8. 선택을 잘하라 – 리 헥트 해리슨에 합병된 러셀 로가트 사

원칙 9. 유능한 인재를 채용하고 간섭하지 마라 - 원 프루덴셜 익스체인지

원칙 10. 폭넓은 사고와 모험을 받아들여라 - 윌 빈튼 스튜니오

원칙 11. 축하하라 - 아메리칸 스칸디아 사

한국 기업들 중에도 최근 펀 경영을 적극적으로 도입하는 사례들이 늘고 있다. 가장 보편적인 사례로는 '스페셜 데이 이벤트'를 꼽을 수 있는데, '호프데이' '사우나데이' '칭찬데이' '감사데이' '유머데이' '사다리데이' '레이지(lazy)데이' '패밀리데이' 등 전통적인 조직 문화에 견주어 이례적이라 할 수 있는 특별 원칙을 적용하는 날을 별도로 지정하여 구성원들에게 활력을 준다는 취지다. 각종 사내 동호회의 활성화도 펀 경영의 일환으로 볼 수 있다. 애경백화점은 매월 셋째 주 화요일을 '동호회의 날'로 정해놓고 이날은 모든 직원이 오후 5시에 퇴근하여 각종 동호회 행사에 참여하는 것을 원칙으로 한다. 애경백화점 내에는 당구모임, 영화모임, 스키모임, 재테크 연구모임 등 약 20여 개의 동호회가 활발히 활동하고 있다.

회사 내에 별도의 조직이나 공간을 두어 펀 경영을 적극적으로 모색하고 실험하는 기업들도 있다. 오리온제과의 사옥 안에는 회사에서 생산한 각종 과자와 음료, 만화책과 잡지책으로 가득한 '펀 스테이션'이란 공간이 있고, STX그룹의 사옥 안에는 160여 개의 운동기구와 골프연습장까지 갖춘 직원용 헬스클럽이 있으며, 포털업체 다음에는 '아씨방'이라는 여성전용 휴식공간이 있다. LG마이크론의 경우에는 경영기획팀이 'Fun Activity'를 아예 핵심 업무 중의 하나로 정하고 지속적인 '스페셜 데이'의 운용과 펀 미팅의 도입, 각종 '펀 이벤트'의

굿바이 침팬지

개최 등 편 경영의 다양한 현장 적용을 실험하고 있다.

그런가 하면 관료주의의 상징이라 할 수 있는 호칭 문화에서부터 파격을 시도하는 기업들도 늘고 있다. CJ그룹이나 태평양은 신입사원에서부터 임원까지 서로를 모두 'OO님'으로 부르고 농수산물 전문 매장인 총각네 야채가게처럼 일반적인 직함과 직급을 아예 없애고 사장 이하 전 직원이 마당쇠, 변강쇠, 이장, 군수 등 친근한 별칭으로 서로를 부른다.

비즈니스 진화의 매트릭스

2007년에 일본의 닌텐도에서 내놓은 두뇌 개발 게임기는 미국, 일본, 한국에서 선풍적인 인기를 끌었다. 요즘도 지하철을 타보면 젊은 여성들이 닌텐도 DB를 들고 게임에 열중하고 있는 모습을 종종 볼 수 있다. 감탄사를 연발하며 게임기 화면에 스타일러스 펜을 빠르게 두드려대는 아이들을 보면서 어른들은 이런 생각을 하기 마련이다.

"아이들이 자꾸 게임에만 빠져드니 큰일이야."

"저거 일제 아냐? 이 나라가 또 일제에 빠져드는구먼."

"아무것도 아닌데 왜 저런 것들을 사는지 모르겠단 말이야."

하지만 비즈니스를 하는 사람이라면 다르게 생각해야 한다.

"아이들이 어째서 저 놀이도구에 빠져들까?"

"왜 우리는 저런 제품을 만들지 못했을까?"

"닌텐도는 과연 무슨 생각으로 저런 물건을 만들었을까?"

"어떻게 하면 우리도 저런 히트상품을 만들어낼 수 있을까?"

앞의 의식세계가 아직도 갈라파고스에 머물고 있다면, 뒤의 의식세계는 뉴욕에 있다고 할 수 있다. 이렇듯 시대변화에 따른 비즈니스맨의 의식세계 변화 정도는 4가지 유형으로 분류할 수 있다. 환경 변화에 따라 얼마나 진화했느냐에 따라 두 가지 유형으로, 주변 환경이 국내이냐 글로벌이냐에 따라 다시 두 가지 유형으로 구별한다. 즉 갈라파고스형, 카멜레온형, 표범형, 뉴욕형 등이다.

갈라파고스형은 주변 환경이 어떻게 변화하는지에 아랑곳하지 않고 자신의 과거 경험과 지역사회적인 관습대로 생각하고 행동한

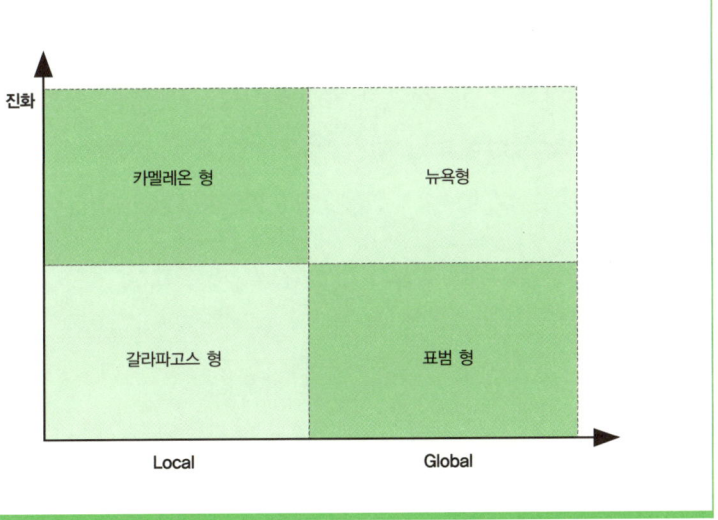

비즈니스 진화의 매트릭스

다. 그에 비해 카멜레온형은 주변 환경에 따라 생각과 태도를 변화시킨다. 본질적이고 내면적인 변화가 없다 하더라도 적어도 겉으로는 변화된 모습을 보여준다. 표범형은 계절의 변화에 따라 몸의 색깔을 바꾸어 주변 환경의 색깔과 조화를 이룬다. 실제로 표범은 여름철에 약간 푸른빛을 띤 털로 몸을 덮지만 가을이 되면 푸른빛의 털이 빠지고 갈색 빛의 털이 다시 난다. 표범은 이런 식으로 스스로를 변화시켜가며 외부의 변화에 적응한다. 또한 행동반경이 넓어 때때로 멀리까지 사냥을 떠나는 글로벌형 모험을 감행한다. 뉴욕형은 처음부터 국제 경쟁력이 강화되는 모습으로 변화해나간다. 세계 일류 수준의 경쟁력을 갖추려면 어떻게 해야 하는지를 미리 정해놓고 그 모습대로 변화하는 형이다.

이 네 가지의 진화 유형 중에 자신은 과연 어떤 형에 속하는지를 생각해보자. 과거 10년 동안의 변화를 되돌아보고 앞으로 닥쳐올 10년의 변화를 상상해보면 내가 어떤 유형으로 변화해야 할지 알 수 있게 된다.

리더십의 진화 법칙 : 동종경쟁론

경쟁은 같은 업종 내에서 가장 격렬하게 일어난다

다윈은 자연 생태계에서 동종 간의 경쟁이 가장 치열하다고 했다.

"싸움은 거의 언제나 같은 종의 개체들 사이에서 가장 격렬하게 일어난다. 왜냐하면 이들은 같은 지역을 배회하고, 같은 것을 먹고, 같은 위험에 노출되어 있기 때문이다."

과거의 기업들은 지역시장에서, 국가 내수시장에서 경쟁을 하였지만 이제는 비즈니스 환경이 글로벌화되면서 지역을 떠나 같은 업종에서 글로벌 기업들과 경쟁을 하게 되었다. 따라서 경영자나 리더들도 글로벌 리더들과 경쟁하며 살아남아야 하므로 리더십의 글로벌화가 절실히 요구되고 있는 상황이다. 리더십도 시대에 따라 진화해왔다. 오랫동안 절대적 충성의 조직문화에 길들여져 왔던 한국의 리더들도 이제는 글로벌 리더십을 다시 학습해야 할 것이다.

리더십도 패션처럼 시대와 경영 환경에 따라 변화무쌍한 진화를 해왔다. 2007년 11월「뉴욕타임스」는 CEO의 진화를 3세대로 구분해서 발표한 바 있다. 리더십의 1세대가 '황제형'이라면 2세대는 '수리공형', 3세대는 '팀워크형'이라는 것이다.

1세대의 CEO들은 주로 1990년대에 강력한 카리스마로 기업의 규모를 확장하는 데 주력했다. 이들은 구조조정과 인수합병을 통하여 기업의 덩치를 키우는 데 탁월한 수완을 발휘했다. 대표적인 1세대 CEO는 GE의 잭 웰치였다. 그는 끊임없이 제국의 영토를 확장했던 로

마의 황제를 빼닮았다. 그러나 1세대 CEO가 물러난 자리엔 늘 후유증이 뒤따랐다. 규모는 크게 불어났지만 기반이 취약했기 때문이다. 특히 IT 경제의 거품이 꺼진 뒤에는 1세대 CEO들이 키워놓은 기업들에 막대한 투자 손실이 발생했다. 월드컴과 엔론은 이를 감추기 위해 회계장부에 손을 댔다가 결국 파산을 자초하고 말았다.

2세대 CEO들에게는 이러한 혼란기에 회사를 지켜내라는 임무가 주어졌다. 헐렁하게 잠겨 있는 볼트를 조이고 비대해진 몸집을 과감히 줄이는 능력을 필요로 하던 시기다. 황제형 CEO들이 아니라 수리공 스타일의 CEO들이 각광을 받기 시작했다. 타임워너의 리처드 파슨스가 2세대 CEO의 대표적 인물이다. 버블 붕괴의 위기는 결국 이들의 손에 의해 극복되는 듯했지만 몇 년 뒤 서브프라임 모기지 사태가 닥치면서 다시 2세대 CEO들도 취약성을 드러내기 시작했다. 예기치 못한 외부 충격에 그들은 허둥댔다. 새로운 위기를 맞은 기업들은 이전과는 다른 스타일의 CEO를 요구하기 시작했다.

이제는 다양한 오케스트라 단원들로부터 아름다운 화음을 이끌어내는 지휘자형 CEO가 3세대 CEO로 부상하고 있다. 대표적인 지휘자형 CEO로는 P&G의 앨런 래플리가 꼽힌다. 지휘자형 CEO들은 자만과 독선, 오만을 버리고 따뜻하게 다가가는 방식으로 직원들에게 동기부여를 하고 있다. 미국의 경영대학원도 이같은 변화에 발 빠르게 대응하면서 'CEO 3.0 시대'에 걸맞은 교육 접근법을 채택하고 있다. 일례로 예일대의 MBA는 1년차 교육 과정에서 재무, 마케팅 등 개인 능력을 중시하는 과목을 빼고 팀 역할을 강조하는 과목들을 집중 배치했다. 미래의 경영자가 되기 위한 훈련의 일환으로 학생들이 교수와 함께 팀을 만드는 경험을 쌓도록 하겠다는 것이다.

한국에서 비즈니스를 한다는 것은 일종의 특권이다

20년 이상 한국과 깊은 인연을 맺고 있는 프랑스의 경제학자 기 소르망은 한국의 발전 과정에 대해 다음과 같이 말하고 있다.

"한국이 성공적으로 탈바꿈하는 데는 한 세대도 채 걸리지 않았다. 이는 유례가 없는 일이다. 내가 1986년 한국을 처음 발견했을 때, 그 경험은 긍정적인 것만은 아니었다. 검열당한 언론기사를 읽을 때, 통치자들의 말을 들을 때, 공장을 방문할 때…… 도처에서 억압을 느낄 수 있었다. 당시 한국인들은 군대처럼 조직돼 있었다.

한국은 국가 이미지나 국가 브랜드라는 것이 없었다. 해외에 알려진 브랜드도 별로 없었다. 한국을 방문하는 사람들이 갖게 되는 전체적인 인상의 중심에는 가난에서 벗어나고 늦춰진 근대화를 앞당기기 위해 심신을 탈진시키는 일을 하는 사람들이 있었다. 주거 환경이나 의복도 꽤나 칙칙해 보였다. 이웃한 중국보다 조금 나아

보였다.

20년이 지난 오늘 너무나 많은 것이 변했기에 한국의 오늘이 주는 인상과 과거의 추억을 연결하기가 힘들 정도다. 한국의 젊은 세대에게도 이는 거의 불가능하리라고 본다. 주요 도시의 외양도 바뀌었다. 서울이나 부산 같은 대도시는 아름다운 현대 도시가 됐다. 한국 여성들은 세련됐으며 적어도 패션에 관한 한 파리나 도쿄의 여성 못지않게 첨단을 걷고 있다. 한국의 현대예술 갤러리는 뉴욕과 어깨를 나란히 한다. 한국은 아시아에서 가장 민주적인 사회가 됐다. 일본보다도 더 개방적이며 중국이나 다른 아시아 국가들보다 정치적으로 훨씬 앞서고 있다.

한국은 까다로운 이웃들을 상대로 국제관계를 맺을 때도 자신의 창의성을 발휘해야 한다. 중국은 권위주의 통치에 손발이 묶였다. 북한은 바뀔 수 없는 운명이다. 일본은 화려한 과거의 향수 속에 정체된 것 같다. 한국은 이 지역에서 과감한 지도력을 발휘할 수 있는 유일한 나라다."

기 소르망은 이처럼 한국의 발전 과정을 매우 긍정적으로 평가해주었다. 하지만 한국 기업들에게는 여전히 많은 변화의 과제들이 부여되어 있다. 지금 당장 할인점이나 백화점에 가서 10년 전에 있었던 상품이 몇 가지나 팔리고 있는지 찾아보라. '신라면'이나 '초코파이'를 제외한다면 10년 전 상품이 아직도 잘 팔리고 있는 사례는 거의 없다. 대부분의 먹을거리는 중국산으로 바뀌었고, 세

굿바이 침팬지

탁기는 수조형에서 드럼형으로 바뀌었다. 길거리에 나가보아도 수입차가 크게 늘었으며, 국산인 '소나타'는 예전의 소나타가 아니다. 상점의 형태도 완전히 바뀌었고 은행의 모습도 많이 바뀌었다. 그런데 이렇게 크게 변화된 모습들을 관찰하다보면 바뀌지 않은 것을 하나 발견할 수 있다. 세상의 모든 것이 다 바뀌었지만 오직 '나' 하나만 바뀌지 않은 것이다.

기업의 리더들은 오히려 변화에 둔감해지기 쉽다. 조직과 직원들의 울타리에 싸여 시장의 변화로부터 격리될 수 있기 때문이다. 그러한 울타리에 가로막혀 있다보면 아예 시장을 잊어버릴 수도 있다. 항상 눈앞에 닥쳐 있는 바쁜 일정에 쫓겨 외부를 둘러볼 겨를을 잃고 내일을 생각할 시간을 잃어버리는 것이다. 기업의 리더가 시장의 존재를 잊는 것은 물고기가 물을 잊는 것이나 다름없다.

리더가 되고 나면 다른 사람들이 수집한 정보에 의존하게 되고 실무자들이 한 번 가공한 의견을 가지고 판단하기 때문에 현장감을 잃게 된다. 게다가 리더들은 대부분 과거의 성공 경험 덕분에 오늘의 자리에 오른 사람들이므로 경험에 근거한 일종의 고정관념에 사로잡혀 있기 쉽다. 과거의 성공 경험에 의해 생긴 고정관념으로 실무자들이 가공한 정보를 보고 판단하는 식으로 계속 일하다보면 어느 순간부터 진화가 멈추게 된다.

한국의 리더들이여, 스스로를 가둔 고정관념으로부터 탈출하라. 변화의 현장을 직시하라. 한국의 변화뿐만 아니라 글로벌 변화를 온몸으로 느껴보라. 그리고 자신은 환경 변화에 얼마나 적응하고 있는지를 생각해보라. 글로벌 무한경쟁 속에서 살아남으려면 과연 어떤 모습으로 자신을 변화시켜야 하는지를 생각해보라. 그리고 자신의 회사가 현재 어떤 식으로 변화에 적응하고 있는지를 점검해보라. 다른 회사의 제품을 모방해서 만든 10년 전의 제품을 아직도 팔고 있는 것은 아닌지, 1.0 버전의 방식으로 오늘날의 3.0 버전 인재들을 관리하고 있는 것은 아닌지 냉정히 따져보라.

진화를 멈춘 리더는 비즈니스 세계에서도 도태된다. 만약 자신이 갈라파고스형 리더라고 판단되면 스스로 진화의 길을 모색해야 한다. 갈라파고스를 떠나 뉴욕의 한복판에서도 살아남을 수 있는 글로벌 리더가 되어야만 치열한 진화게임에서 살아남을 수 있다.

기 소르망은 "이 시대에 한국에서 태어난다는 건 일종의 특권이다"라고 말한다. 지금은 한국의 역사상 처음으로 맞는, 선진국으로 도약할 수 있는 기회이기 때문이다. 그렇다면 이런 식으로 달리 말해볼 수도 있겠다.

"이 시대에 한국에서 비즈니스를 한다는 것은 일종의 특권이다."

한국에서 최고의 기업이 되면 곧 세계 최고의 기업이 되는 날도 그리 멀지 않았다. 한국의 리더들이여, 진화의 방향을 정확히 읽고 끊임없이 진화하려는 노력을 게을리 하지 말라.

굿바이 침팬지

굿바이 침팬지

ⓒ 김영한 2008

초판 인쇄	2008년 6월 12일
초판 발행	2008년 6월 20일

지 은 이	김영한
펴 낸 이	김승욱
기 획	김소영
편 집	김승관 박지혜 한정수
디 자 인	박진범 김은희 홍지숙
마 케 팅	최정식 이숙재 정상희
제 작	안정숙 차동현 김정후
펴 낸 곳	이콘출판(주)
출판등록	2003년 3월 12일 제406-2003-059호

주 소	413-756 경기도 파주시 교하읍 문발리 파주출판도시 513-8
전자우편	editor@econbook.com
전화번호	031-955-7979
팩 스	031-955-8855

ISBN 978-89-90831-54-5 03320

이 도서의 국립중앙도서관 출판시도서목록(CIP)은 e-CIP 홈페이지(http://www.nl.go.kr/cip.php)에서
이용하실 수 있습니다.(CIP제어번호: CIP2008001775)